U0857299

中经彩票
ZHONGJINGCAIPIAO

极值
选号技巧
双色球Excel分析攻略

刘 然◎著

CEPH
中国经济出版社
CHINA ECONOMIC PUBLISHING HOUSE
北 京

图书在版编目（CIP）数据

极值选号技巧——双色球 Excel 分析攻略/刘然著

北京：中国经济出版社，2012.10

ISBN 978-7-5136-1348-4

Ⅰ.①极… Ⅱ.①刘… Ⅲ.①社会福利—彩票—基本知识—中国 Ⅳ.①F832.5

中国版本图书馆 CIP 数据核字（2011）第 277130 号

责任编辑　张玲玲
责任审读　贺　静
责任印制　张江虹
封面设计　任燕飞

出版发行　中国经济出版社
印 刷 者　三河市佳星印装有限公司
经 销 者　各地新华书店
开　　本　710mm×1000mm　1/16
印　　张　11
字　　数　107 千字
版　　次　2012 年 10 月第 1 版
印　　次　2014 年 3 月第 2 次
印　　数　6001-9000 册
书　　号　ISBN 978-7-5136-1348-4/F·9184
定　　价　30.00 元

中国经济出版社 **网址** www.economyph.com **社址** 北京市西城区百万庄北街 3 号 **邮编** 100037

本版图书如存在印装质量问题，请与本社发行中心联系调换（联系电话：010-68319116）

序一

——相信您在读完本书的简介和第一章时就已经兴奋不已，彻夜辗转难眠了！

对比

与现有的介绍彩票预测方法类型的书籍进行对比，这些书籍有一个通病：将分析选择号码的方法大致归纳为**和值、奇偶搭配、质合搭配、三区间分布、连号、重号，以及间距和、AC值、散度、偏度、冷热号、遗漏、五行**等，种类繁多。虽然有些方法的名称很吸引眼球，但实际上却大同小异。然而，给使用者一致的感觉是：本来只知一两种方法时还时有斩获，现在知道的方法越多，成功率反而越来越下降了，适得其反。因此，笔者认为，对各种方法不进行区分，一一罗列给读者，倒不如说是误导了读者。正如佛学所教化：学问应该一门精进。

破茧

为什么会出现这种情况呢？因为彩票这种随机的行为是一种混沌现象，符合混沌学说的物理运行系统原理（该理论广泛应用于天文、气象观测、生理、经济趋势预测等方面），即一种随机事件，在一定的短序列内是有规律的，而在长序列中则是随机的无规律的，并且敏感地依赖于初始条件。该理论运用在彩票上可以表述为：彩票总在相连的几期（如5期、10期）内体现出某种明显的规律，但长期上是没有规律的。比如购买双色球，当你使用和值规律来分析下期将出现的红球彩号时,会出现以下状况:连续几期和值均在一个大和值以内(如100~130),突然连续几期出现100以下的小和值。如2011年第079期~第083期连续5期的和值分别为101、106、119、111、122;接着从第084期~第090期连续7期的和值分别为97、96、75、60、99、97、85,出现物理学中所说的"奇异吸引子"现象。也就是说,不论是和值、奇偶搭配、质合搭配,还是三区间分布、连号、重号等,都能在一个短的周期内——连续几期内——符合或一、或二、或三的规律,但会突然改变,使规律完全消失。正如:当你处在2011年第083期时,预测第084期会出现何种和值,你是选择大的和值还是小的和值组合呢?你可能会反驳:因为从第079期到第083期已经连续5期出现了大的和值,当然第084期应该相反,选择小的和值了。好吧,请看2011年第54期~第60期连续7期出现大于100的和值,最小和值为107,超过5期之后仍然出现大的和值。

因此,当你使用上述分析方法时,就会感觉到:有几期得心应手,能猜中3~4个彩号,有所收获;然而,接下来的几期又颗粒无收,无所适从。

抽丝剥茧,揭开表象看本质,产生这种现象的原因在于:在摇号时,彩球敏感地依赖于初始条件,即包括但不限于以下初始条件:摇号时的室内气压、湿度、温度,每个彩球因磨损所改变的质量,每个彩球因摩擦所转移的电子的多寡,开奖时间的微秒偏差(受引力的影响),等等。尽管每个变量都很微小,但却影响了最终的出号结果。其产生的效果的机理,可以用混沌学说在解释天气预测时的一个生动例子来形容:在巴西(热带)的一只蝴蝶轻轻扇动一下翅膀,能在美国得克萨斯州产生一个龙卷风——著名的"蝴蝶效应"。

求解

在随机事件中,没有一种规律可以连续多期存在。但是笔者却惊奇地发现,有一种规律出现的次数比其他规律出现的次数要多得多,准确度也高得多,本书将为您打开“科学玩彩”之门!

本书为你打开“科学玩彩大门”的路线图是:

第一步 进入大门

你要完成两个实验:分别从 1 ~ 33 个号码中任意选取 16 个和 6 个不重复的号码,运用随书赠送光盘中的 Excel 工作表中的“实验一”和“实验二”,经过运算得出你任意选出的这 16 个和 6 个号码能命中大奖的概率。模拟时光倒流,假设你从双色球 2003 年第 001 期截至本书定稿时已出的 2011 年第 137 期共 1269 期中,从不改变上述号码,并坚持期期购彩,你是否能中出一等或二等大奖呢?并且,减去投入后,你是否可以获得巨额赢利呢?

答案是:如果你选择的投注方式是复式投注 16 个号,并采用本书教你的选号方法,那么在 9 年中你大约能中出 8 次一等奖!但这需要有足够的财力,甚至要坚持投注好几年。本书后面的章节会教你,只需遵循一个规律(而不是各种方法都考虑,弄得自己云里雾里),并进行缩号处理,就有可能实现大幅减少投入、提高资金效率、赢取大奖的目的!

经过这一步,你便正式进入了大门。

第二步 进入玄关——极值

进入大门后,你会看到迎面巨大的照壁上两个硕大的字——极值。你必须完全理解和掌握本书最主要的概念——极值。

在双色球出号的所有规律中,极值是出现频率和准确率最高的特殊表现形式的规律。简而言之,就是在足够多的样本中,一种现象不出现的最大极限。比如:红球22号在2003年6月8日第031期(中奖号码为11、17、20、22、28、32,蓝球1)中出现后,在之后的42期中一直没有出现过,直到2003年11月6日第074期(中奖号码为2、12、19、22、27、32,蓝球1),足足间隔了近5个月才再次出现,那么42就是极值。为了表明其未出现的特征,记为-42。至今,这一极值也成为所有红球号码不出现间隔期的高大值——极值。换而言之,在预测33个红球的中出概率时,不出现间隔期越接近这一极值,其下一期出现的概率就越大。

我们来验证其准确程度:红球25号在2005年12月20日的第149期(中奖号码为11、16、21、23、25、32,蓝球7)中出现后,已间隔40期未出现过,最终无法超越极值-42,"准时"在2006年4月2日第037期(中奖号码为2、12、23、24、25、32,蓝球14)中出,间隔了近4个月。

你如果觉得以上两个例子是几年前的,时间有点久远不好求证,我们找一个近期的例子**再次验证**:红球20号在2009年12月23日的第150期中出现后(中奖号码为4、6、7、16、19、20,蓝球4),已间隔42期未出现过,最终也无法超越极值-42,"准时"在2010年4月14日第042期中出(中奖号码为3、6、11、20、31、32,蓝球10),间隔了近4个月。实际上,把极值定在"-15"时,就已经使所有红球号码在连续不出现接近15期时必定出现的概率达到95%了!(请读者自己动手验证:2011年第071期~第088期,共18期,符合规律的红球号依次为22、11、4、26、31、33、8、20、14、25、23、17、18、10、11、17、4、20)。

以上的例子作为投石问路,"极值"规律的最大价值在于它极高的确定性。本书对你最大的价值就在于如何挖掘看似无规律的彩票出号中的“一定”性。

第三步　绕出照壁——使用极值的方法

在这里，你将全面系统地掌握使用“极值”的方法，包括红、蓝单号的极值、两个彩号组合的极值……并把它们串联起来，合成一把金钥匙。这样你就可以大步流星地穿过游廊，直奔正房。谁使用得越熟练，谁就可以更早的获得成功！

笔者受到美国盖尔·霍华德事迹的启发。她始终坚信，随机产生的奖号在很大程度上是可以预测的，并在1982年首次提出“平衡选号”理论和“聪明组合”策略，从而引发了彩票史上的一场革命——此后，博彩从一种单纯的碰运气的游戏变成了一场讲究技巧的智力竞赛。盖尔创建并不断更新的一套博彩策略，迄今已造就了65位百万大奖得主，资金总额高达9700万美元。这项纪录被《吉尼斯世界纪录大全》收录，并将盖尔·霍华德誉为“彩票富翁的助产士”。她出版的《彩票中奖指南》等一系列书籍在美国和中国均创出巨大的销售量。

笔者将文中所涉及的较深奥难解的物理现象和专业术语，或转换成通俗易懂的词汇来表达，或用浅显的生活中的例子进行类比，深入剖析其中的原理和存在的逻辑，以方便更多人理解使用，有心之人可找到对应的专业术语进行对照思考。欢迎读者指正。

序二

在分析彩票是投资还是投机时，可能会出现一边倒的情形。将彩票划入投机行为，是因为它具有投机的种种属性：投入与回报率不在正常范围内，每次投入产出的时间短，投入行为是否理性，等等，似乎都给彩票是投机行为定了性。

可是，世间的事情就是这么奇怪，但凡你能看出别人看不出的问题，做出别人做不到的事情，你就能超越众人，成为佼佼者！

笔者认为，通过技术、技巧，可以把购买彩票变成一项风险可控、回报率高的投资行为，像做生意一样地去经营它：计算投入产出，制订合理的投入计划，锁定利润。

我们如何做到呢？

我们来看一个案例。

陈某，30 岁，月薪 7000 元。扣除家庭开支和其他个人消费 5000 元，每月可支配用于购买彩票的资金为 600 元。一个月双色球共开出 12 期奖号，即每期可投入的资金为 50 元。

有两种投入方案可供其选择：

(1)保本型。较有可能的情况是，12 期中出三次“红球 4 + 蓝 1”，每次收获四等奖 200 元。或者倍投 25 倍单式投注，中两次五等奖；20 倍投单式投注，中一次 5 元的六等奖。如果使用笔者教给你的极值预测方法，是很有可能做到的。因为，当你定位了两个红球的组合号码后，只要再命中 1 个红球和 1 个蓝球，至少能擒获每注 10 元的五等奖。在前面我们讲过,任选6个号码投注守10期不变,中出两个红球号码的概率是2.6次。由于其事先定位了另外两个号码,再“守株待中”另外两个号码,加起来就变成了守10期中4个号码,此时的中奖概率接近3次!任何赚钱的生意都是先从保本、不亏损开始的。正如巴菲特所说:你首先要保全自己的本金,才可考虑赚取利润。只有保住本金,才能以时间换空间,以购彩次数换取中大奖的机会!

(2)投资型。既然要像做生意一样买彩票,自然就要制定盈利目标,至少要跑赢5%的CPI。因此,把净利润定为年利润5%。一年的总投入为7200元,5%的利润为360元,平均到每个月你只需赚取30元。也就是说,在保本的基础上,再中出6注5元的六等奖,就可实现盈利目标了。当你将保本的技术运用娴熟后,再实现这个目标难度就不大了。

有读者可能认为,笔者的这种思路让人贻笑大方,买彩票的目标不能只定位在保本和可怜的5%利润率,买彩票的目的就是要中大奖!

如果你真是这样想的就大错特错了!殊不知,虽然看起来利润的绝对值很小,但却是以一种极小的机会成本,换取可能的巨额奖金。也就是说,你在守号等待的过程中,不知不觉地已经进入了中出一等奖、二等奖的运行轨道,只需等待它运行到特定的时间和空间了。能越快越好地掌握极值的分析方法,你进入轨道就会越早,守号投注的投入成本就会越少。

如果你不能想清楚这一点,就只能靠运气了,但是彩票投注绝不是投入越大中大奖的机会就越大!双色球中出一等奖的概率为一千七百七十二万分之一!而平均每期中出一等奖的注数只有4注。每期投注总额在3亿元左右,按平均每人每期投注100元粗略计算,大约每期有3000万彩民在投注。因此,要想成为这三千万分之四,要有独门的技术。

如果能实现至少保本的目标,那么就可以这样认为:从报酬确定性的角度来看,还有哪种“生意”像购买彩票这样,每间隔两天利润就会自动“充值”到500万呢？只要认真“经营”,报酬一定会有500万元的。

如何阅读本书

笔者建议你分步骤阅读本书：

第一步 按章节顺序依次由前往后阅读。尽管你想知道如何应用的心情很急切，但如果不能充分理解和掌握极值的理论，即使用光盘程序统计出了预选号码，你也不可能不进行缩号地采用期期大复式投注的方式投注，因为不缩号的投注成本极高，即使中了大奖，仍有可能是亏损的。另外，你只有很好地阅读了理论部分的内容，才能坚定地走“守号”的道路。同时，当你碰到案例时，尽量不要跳过去，而是边读边按书中的方法自己选出几个号，与笔者选出的号码作比较；再看一段，再比较。同时，将笔者在案例中所使用的分析选择号码的技巧都摘录下来，细心领会，并对这些技巧的使用达到融会贯通的境界。

第二步 使用光盘。利用光盘文件分析出一期号码后，不要忙于花钱投注，而是先模拟投注几期。完全按本书教你的方法选出彩号，记录在本子上或电脑里，与之后的开奖号码作对比。试试手，练练兵，找找感觉。笔者建议：模拟投注 10 期左右之后，再真正下单投注。

第三步 使用小胆拖或小复式投注。投入成本控制在每期 50 元或 200 元以下，用“守号”方式——不改变号码连投 5 ~ 10 期或再多几期（当然，如果你选的号码中出 4 个以上，可以适当更换 1 ~ 2 个命中的号码），再进一步找找感觉。

第四步 完成前几步之后，笔者深信你必有或大或小的斩获。在此基础上，读者方可根据自己的财力和投资计划，向成功进发！

目　录

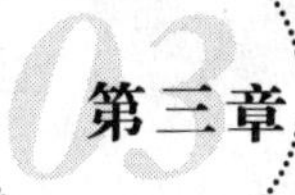

极值选号技巧

双色球Excel分析攻略

第一章 原 理

用混沌学来分析双色球的运动系统，从而产生极值分析选号的方法是有科学依据的。

自古以来，确定性与随机性、决定论与概率论的争论就从来没有停止过。对于必然性和偶然性的关系的问题也一直在科学领域和哲学领域中占据重要的地位。

在物理学中存在两种类型的规律：一类是以牛顿力学为代表，它能够给出事件实现与否的准确预言，人们称为力学决定论规律或力学因果性规律；另一类是量子力学和经典物理学中的统计决定论规律或统计因果性规律，对于事件的实现与否，它只能以确定的概率加以预言。这两种基本精神看似相反的规律，实际上在自然界本质上是辩证统一的。统计学的规律可以还原为动力学的规律。对于动力学确定性的方程来说，随机性是一种外在的干扰，是一种涨落和噪声。确定性方程得出确定性结果；随机性方程则得出统计性结论。这表明：确定性和随机性、必然性和偶然性的关系是外在的、并列的。所以，通过统计学获得力学上的确定性结果是可以实现的。

混沌理论的产生，继量子力学之后再次将必然性和偶然性的研究推向高潮。混沌理论萌芽于 20 世纪，近 20 年来迅速发展并广泛渗透到许多学科和领域，它不仅揭示了牛顿力学在解决复杂系统时的困难，而且给予量子力学对于不确定性的合理解释，必将在预测领域带来深刻的结果。早在20世纪，彭加勒在对天体力学“三体问题”（在三维空间中给定3个质点，如果在它们之间只有万有引力的作用，那么在给定它们的初始位置和速度的条件下，它们会怎样在空间中运动）的研究时就曾说过：“忽略一个很小的原因造成了人们不能看到的相当大的影响，于是我们说这种影响是因为偶然性，如果精确地知道自然规律和宇宙在初始时刻的状态，即使自然规律对我们已不再神秘，我们也还只能近似地知道初始状态，如果我们以同样近似性预言后继的状态，我们应当说现象已被预测了。”

混沌理论的产生，架起了确定论和概率论由此及彼的桥梁。它揭示了一种而且是广泛存在的随机性——内在随机性。由于力学系统内部轨道的不稳定，传统物理学中所研究的随机性无论是长时间还是短时间都是不可预测的。然而，内随机性只出现在系统的长时间范围内，短时间的行为还是可以预测的。外随机运动只能确定它的统计数字特征，混沌运动却是确定该系统中出现的完全确定的运动，“它是丝毫不带随机因素的固定规则所产生的”。因此，我们说混沌理论终于把确定论和概率论统一在了一起。

因此，笔者基于混沌理论而进行的双色球运动系统分析研究是完全可信的。用统计的方法得到的极值及建立在统计学上的极值理论，符合混沌理论内在随机性的原理，具有确定性的属性，将其代入方程可以求得一个确定的值，并且其确定性随着时间的增长而增加。

第一节 实验

在揭开谜底之前，让我们先作两个实验。

【实验一】

请随意从 1～33 个红球中选出 16 个不重复的号码，如 1、2、3、7、8、10、11、12、16、18、20、21、26、27、29、32。可以是任意的 16 个号，但尽量不用一些极端的情况，如 1～16 的连号、18～33 的连号，甚至不要出现 4 个号码的连号。假设你从双色球上市以来的第一期（3001 期）起，每期都买这 16 个号码，然后使用随书赠送光盘中的 Excel 菜单功能，将所选的号码输入后，可得到截至本书定稿时最后一期这 16 个号码的命中情况，见表 1－1。

表 1－1 实验一中奖情况一览表

中奖个数	中奖期数	占比（%）
6	8	0.63
5	107	8.49
4	305	24.19
3	440	34.89
2	300	23.79
1	98	7.77
0	11	0.87

举例说明：在 16 个红球号码中，中出 6 个号码的有 8 期，见表 1－2。

表1-2　实验一中奖金额

期号	红球号码						蓝球	快乐星期天	奖池奖金（元）	一等奖		二等奖		总投注额（元）	开奖日期
	1	2	3	4	5	6				注数	奖金（元）	注数	奖金（元）		
3006	1	3	10	21	26	27	6		16204682	0	5000000	2	412254	10919658	2003年3月13日
4120	7	8	18	21	27	32	10	13	125563326	2	5000000	24	301953	87000158	2004年12月26日
5067	3	12	16	20	21	26	16	02	100447230	2	5000000	40	558777	91360150	2005年6月12日
6092	2	8	11	16	20	21	14		101941173	1	5000000	27	258645	100741394	2006年8月8日
7018	1	12	18	20	21	26	11	02,10,13	75085794	7	5000000	77	75628	133609680	2007年2月11日
7052	2	3	7	8	26	29	7		76681988	2	5000000	25	3000	107460952	2007年5月8日
9027	2	7	11	16	27	32	6		271912458	19	5332508	153	61937	210676594	2009年3月10日
9072	1	3	12	20	21	29	4		247623670	7	6825455	40	479182	211601456	2009年6月23日

中出 5 个、4 个、3 个、2 个、1 个、0 个号码的情况，依此类推。

为使说明不过于复杂，我们不考虑复式投注连中连得以及中 6 个号码以下的情况，仅考虑中 6 个号码的投资回报。我们将乐观地看到表 1－3 所列的中奖结果。

表 1－3 实验一中奖赢利统计

期 号	一等奖奖金（元）
3006	5000000
4120	5000000
5067	5000000
6092	5000000
7018	5000000
7052	5000000
9027	5332508
9072	6825455
中奖金额合计	42157963
投入资金（元）（共 1269 期）	20340320
赢利（元）	21817643

注：买 16 个红球、1 个蓝球的复式投注，每期需要 16016 元。从第 3001 期～第 11137 期共 1269 期。

假设你买的蓝球号码为 6 的话，那你真的很幸运，从第 3001 期起，只投入了 6 期，共 96096 元，到第 3006 期中奖，当年当月就收获了 500 万元，收益达 52 倍。即使你买的蓝球不是 6，你也能获得二等奖 412254 元，收益也达 4 倍多。

假设你坚持16个号码不变，持续购买1272期，并且你足够幸运，每期都能买对蓝球，你共投入了2034万元，收入8次一等奖，获得奖金4215万元，赢利2181万元，收益达1倍。

又假设你进行了倍投……

看到这里你该兴奋得不行了吧?!当然，很大可能你没有如此幸运，但只买了6期就中了500万也应该知足了。当然，每期投入16016元，或许会让你吃不消。别着急，在后面的章节我会教你，只需遵循一个规律（而不是各种方法都考虑，弄得自己云里雾里），进行缩号处理，大幅减少投入成本，提高资金使用效率。

你自己试试看，任意输入16个号码!

告诉你，除了使用一些极端的组合，最好把33个号码分成三个区：1~11为一区，12~22为二区，23~33为三区，各区都选些数字。没关系，别太刻意，不用考虑太长时间，任意地、快速地选取16个号码输入。你会发现如果时光倒流，你在2003年双色球上市发行的第一期3001期就开始买，你早发了!

每次实验，排除上文提到的极端情况，命中6个、5个、4个号码的期数相差不是很大。比如，中6个号码的基本在8次左右浮动。

请接着往下看，我会告诉你如何实现梦想!

【实验二】

与选6个红号的过程相同，请从1~33个红球中任意选出6个不重复的号码，比如1、7、12、18、26、29。可以是任意的6个号码，也尽量不用一些极端的情况，如1~6的连号，甚至四个号以上的连号。假设你从双色球上市以来的第一期（3001期）开始，每期都买这6个号码，然后使用随书赠送光盘中的Excel表格计算器，将选中的号码输入后，可得到在截至本书定稿时的最后一期这16个号码的命中情况，见表1－4。

表1－4 实验二中奖情况一览表

中奖个数	中奖期数	占比（%）
6	0	0
5	1	0.08
4	9	0.71
3	80	6.34
2	314	24.9
1	541	42.9
0	324	25.69

举例说明：6个红球号码全部中出的情况一期都没有，最多中5个号码的一期见表1－5。

表1－5 实验二中奖金额

期号	红球号码						蓝球	快乐星期天	奖池奖金（元）	一等奖		二等奖		总投注额（元）	开奖日期
	1	2	3	4	5	6				注数	奖金（元）	注数	奖金（元）		
10140	1	12	13	18	26	29	15		236244572	4	10996134	51	558368	296121968	2010年11月30日

中出4个、3个、2个、1个、0个号码的情况依此类推。

为使说明不过于复杂，我们不考虑中5个号码以下的情况，仅考虑中5个号码的投资回报，见表1－6。

表 1-6　实验二中奖赢利统计

期号*	三等奖奖金（元）
10140	3000
共投入 1269 期	2538
赢　利	462

注：从第 3001 期～第 11137 期共 1269 期。

假设你买的蓝球为 15 的话，并且从 2003 年第 3001 期起一直不更改，坚持投注 8 年，直到 2010 年的第 140 期，共投入了 2238 元，那么你将收获三等奖 3000 元，赢利 462 元。如果再加上可能中四等奖 200 元中的一部分（有 9 次命中 4 个红球 +1 个蓝球的机会），五等奖 10 元中的一部分（80 次中 3 个红球 +1 个蓝球的机会）和六等奖 5 元中的一部分（有 314 次中 2 个红球 +1 个蓝球的机会和 865 次中 1 个蓝球的机会），这样的收入也能跑赢通货膨胀率！

你自己试试看，任意输入 6 个号码！

尽量排除一些极端的组合，最好把 33 个号分成三个区：1～11 为一区，12～22 为二区，23～33 为三区，各区都选些数字。没关系，别太刻意，不用考虑太长时间，任意地、快速地选取 6 个号码输入。多试几次，有可能中出一等奖。如果运气再好些，你可能不需要等 8 年就能中大奖。尽管这只是实验，中的也只是历史已经出过的奖号，但这是你打开财富大门的第一步。

以上两个实验得出一条必须坚守的投资原则：**大奖是守出来的！不要轻易更换你的投注号码！**

统计在预测号码中的作用笔者不用在此赘述，这里说则新闻供你参阅：

美国女性琼·金瑟堪称“世界上最幸运的女性”。她在 18

年间4次中得奖金额过百万美元的彩票头奖，共获得2040万美元的奖金。

有人猜测，金瑟的幸运，或许与她的数学才能有关。

金瑟现年63岁，先前住在得克萨斯州小城毕晓普，后来搬到素有“赌城”之称的内华达州拉斯维加斯居住。

她首次中得彩票头奖是1993年。第一次，她玩得克萨斯州pick－six彩票，中得540万美元，之后的三次她都是玩即开型刮刮卡彩票中的头奖：2006年中得200万美元；2008年中得300万美元；2010年中得1000万美元。

金瑟最近一次中奖买的是“1.4亿美元大放送”即开型彩票。这种彩票在得州即开型彩票中奖金额最高，每张彩票的售价为50美元，有30次中奖机会。

在四次中奖经历中，有三次她都是从毕晓普的一家加油站购买彩票；另外一次是从邻近毕晓普的金斯维尔购买彩票。发生在金瑟身上的概率为18杼分之一（杼相当于10^{24}）。为帮助人们理解，美国《哈泼斯杂志》记者纳撒尼亚尔·里奇比喻说：“能幸运如她的人，每1000兆年才能出现一次。”

但有人质疑金瑟中奖是否真的全凭运气。证据之一是，她四次中奖都是在得克萨斯州，最近三次中奖都是间隔两年，彩票都购自她童年生长过的毕晓普，而毕晓普距离拉斯维加斯2000多公里。

里奇在《哈泼斯杂志》8月版上发表文章说：“她中奖靠的不光是幸运，而是她可能破解了彩票系统的‘规则’。刮刮卡并非随机印刷，彩票发行机构要保证中奖比例。金瑟计算出印刷刮刮卡的算式，推算出彩票机构何时将中彩的刮刮卡送到某地的店铺，然后到得州购买，让自己中头奖。”

对于质疑之声，英国《每日邮报》援引得州彩票委员会一名发言人的话报道，他们不认为金瑟有作弊之嫌。

毕晓普当地居民说，金瑟一年要在那里购买大约 3000 张刮刮卡。

幸运的背后，金瑟屡次中奖或许是依靠她的数学才能。她持有斯坦福大学统计学博士学位，还曾当过数学教师。

金瑟为人低调，每次领奖都不吹嘘。出售过中奖刮刮卡的彩票销售人员说：“她为人慷慨，会把数百张没有刮开的彩票送给当地人，以分享自己的好运。”

第二节　重要的概念——极值

极值的概念来自数学应用中的最大值、最小值问题。如果一个函数在一点的一个邻域内处处都有确定的值，而以该点处的值为最大（小），这个函数在该点处的值就是一个极大（小）值。

运用于彩票预测，**极值的概念可以描述为：**在一定长的时间周期内，对于每一种规律现象，都存在一个可以用数字表达的最大（小）值，不随着后续中奖号码的开出而大于或小于该值（可以等于）。比如，前面我们提到的所有红球号码最大不出的期数不超过 42 期。又比如，33 个红球号码两个一组的不重复的组合共有 528 组，任何一种组合的最大不出期的间隔不超过 307 期。达到这一极值的是红球号码 15、24，该组合从 2003 年 8 月 17 日第 51 期开奖首次出现后，直到第二次出现，足足间隔了 307 期约 2 年 4 个月才在 2005 年 12 月 18 日第 148 期再次出现……极值现象广泛地存在于双色球已出的各期奖号中，只要你开动脑筋，就能发现更多的极值现象。

从以上现象我们推出一个重要的结论：**未曾中出的号码越接近极值，出现的可能性就越大。**

笔者在此强调：之所以运用极值能命中大奖，抓住的是“一定”性，而不是“大概率”。比如：在 2011 年第 126 期 ~ 第 131 期的 6 期中，第 126 期、127 期、128 期、129 期、130 期连续出 23 号红球，23 就作为大概率事件。你可能会认为，如果在这六期中总选 23 号投注，能有 6 次至少命中一个号码！但你要反问一句：在 126 期时，如何知道 23 号红球会有如此的表现呢？答案是：你根本无从知道！

对比一下：在 130 期时，红球 2 号已经间隔了 22 期未出现。而在红球 2 号所有的历史已出期中，该号的最大不出间隔期为 25 期。由于目前的间隔 22 期已非常接近极值 25 期，也就是说在第 131 期 ~ 第 133 期内，2 号红球一定会出现。奇迹就是这样诞生的！第 131 期，开出 2、7、9、17、21、25 号红球。

你是否已经对极值有点感觉了呢？好吧，我们接着讲。

有人会反驳：你只说了极值有利的一面，如果突破极值仍然未出现呢？

随着时间的推移，中奖的期数不断增多，是存在比极值大（小）的情况——出现新的极值。从双色球玩法推出至今共 1269 期的中奖数据分析推断，未来有单个彩球号码（包括红球和蓝球）的极值超过现有极值的概率小于1%。所以，当发生等于极值仍未出现的情况时，你最好放弃坚守该号，直到更大（小）的值出现，并重新把它定义为极值用于往后各期的分析选号。

如果你觉得不好理解，我们再举个生活中的例子：

假设你所生活的城市里只有一家电影院，由于无法接纳全体市民同一时间观看电影，这家电影规定你一天只能去该电影院看一场电影。现在问你：你一个月最多看几次电影，即你一个月内看电影的极值是几次？

太简单了吧！当然是31次（一个月最多只有31天）。但把假设置于实现生活中，实际情况是：因为工作和生活上的其他安排占用了你的时间，因此大部分时间你都是周末去看一次，共4次，这距离极值有相当的距离。

假设碰巧你这个月休假，每周你多去了两次，结果一共去了12次。这12次距离极值比4次近了不少。别小看这12次，有可能这是你近几年中在一个月内看电影的次数的最高值，尽管12远未达到极值。这里面深藏的道理是：31次成为理论上的极值，是永远超不过的，而12则是一个相对长的时间序列中的目前极值，受很多条件的限制，在正常情况下很难超过这一极值。彩票也是如此，随着时间序列的不断延长，原有的极值可能会被突破，但在一定时期内，它是"可以接近却无法超越"的！

从本页开始往后的表述中，把某一现象间隔N期不出现，统称为遗漏。遗漏不仅指狭义的一个彩号间隔多少期不出现的现象，而是将不出现的现象均称为遗漏了多少，并用负值来表示。比如：红

球号码 1 间隔了 10 期未出现，表达为遗漏值 -10，以此类推。[1 2] 组合间隔了 102 期，表达为遗漏值 -102；又或者1 ~9号共 9 个红球号码未出现过与上一期重复的现象间隔 50 期，也叫遗漏了 50 期，表达为遗漏值 -50。

表 1 -7 列出了 2011 年 001 期 ~137 期的中奖号码与遗漏，方便读者在学习案例时对照使用。

表 1 -7 2011 年 001 期 ~137 期中奖号码及遗漏值

期号	中奖号码							遗漏值						
	红	红	红	红	红	红	蓝	红	红	红	红	红	红	蓝
11001	3	9	20	24	26	32	10	0	-1	-14	-6	-2	-7	-11
11002	6	8	12	17	28	33	5	-1	-5	-1	-2	-9	-17	-16
11003	13	14	21	22	23	27	4	-4	-4	-3	-9	-5	-7	-112
11004	4	6	8	10	13	26	5	-4	-1	-1	-19	0	-2	-1
11005	6	9	12	14	20	22	13	0	-3	-2	-1	-3	-1	-4
11006	1	3	5	13	16	18	5	-10	-4	-27	-1	-9	-8	-1
11007	1	9	17	24	26	31	5	0	-1	-4	-5	-2	-6	0
11008	10	12	13	17	24	31	15	-3	-2	-1	0	0	0	-20
11009	17	18	23	24	25	26	4	0	-2	-5	0	-9	-1	-5
11010	1	4	5	9	15	19	13	-2	-5	-3	-2	-15	-9	-4
11011	1	12	18	19	21	24	10	0	-2	-1	0	-7	-1	-9
11012	7	8	11	13	15	26	13	-15	-7	-25	-3	-1	-2	-1
11013	1	3	13	16	21	22	8	-1	-6	0	-6	-1	-7	-20
11014	5	7	10	11	23	26	16	-3	-1	-5	-1	-4	-1	-36
11015	3	6	13	26	27	29	7	-1	-9	-1	0	-11	-17	-51

续表

期号	中奖号码							遗漏值						
	红	红	红	红	红	红	蓝	红	红	红	红	红	红	蓝
11016	3	4	16	17	22	29	13	0	-5	-2	-6	-2	0	-3
11017	2	6	15	23	26	33	8	-18	-1	-4	-2	-1	-14	-3
11018	13	15	18	28	30	33	1	-2	0	-6	-15	-17	0	-18
11019	2	4	12	19	32	33	16	-1	-2	-7	-7	-17	0	-4
11020	12	16	17	19	24	30	5	0	-3	-3	0	-8	-1	-12
11021	1	2	14	18	25	31	8	-7	-1	-15	-2	-11	-12	-3
11022	2	7	14	16	17	21	5	0	-7	0	-1	-1	-8	-1
11023	2	3	6	21	22	25	5	0	-6	-5	0	-6	-1	0
11024	5	7	10	19	26	31	14	-9	-1	-9	-3	-6	-2	-25
11025	8	25	26	31	32	33	9	-12	-1	0	0	-5	-5	-28
11026	7	8	17	19	21	26	12	-1	0	-3	-1	-2	0	-30
11027	13	18	21	22	25	26	1	-8	-5	0	-3	-1	0	-8
11028	1	4	5	14	16	17	1	-6	-8	-3	-5	-5	-1	0
11029	1	4	9	10	20	31	7	0	0	-18	-4	-23	-3	-13
11030	2	9	19	24	25	33	10	-6	0	-3	-9	-2	-4	-18
11031	16	17	24	28	29	32	12	-2	-2	0	-12	-14	-5	-4
11032	3	5	7	13	14	15	15	-8	-3	-5	-4	-3	-13	-23
11033	2	8	12	13	19	29	4	-2	-6	-12	0	-2	-1	-23
11034	13	14	17	19	24	31	8	0	-1	-2	0	-2	-4	-12
11035	13	14	18	20	27	31	2	0	0	-7	-5	-19	0	-63
11036	2	11	20	22	24	31	5	-2	-21	0	-8	-1	0	-12
11037	1	3	4	6	17	25	11	-7	-4	-7	-13	-2	-6	-45
11038	2	14	15	19	23	24	12	-1	-2	-5	-3	-20	-1	-6

续表

期号	中奖号码							遗漏值						
	红	红	红	红	红	红	蓝	红	红	红	红	红	红	蓝
11039	3	7	10	16	24	29	13	-1	-6	-9	-7	0	-5	-22
11040	5	11	14	24	26	28	13	-7	-3	-1	0	-12	-8	0
11041	4	10	12	13	30	32	13	-3	-1	-7	-5	-20	-9	0
11042	5	13	15	17	19	21	15	-1	0	-3	-4	-3	-14	-9
11043	4	13	14	17	25	31	4	-1	0	-2	0	-5	-6	-9
11044	3	14	16	26	27	31	9	-4	0	-4	-3	-8	0	-18
11045	2	16	17	20	26	32	8	-6	0	-1	-8	0	-3	-10
11046	9	17	18	26	29	30	8	-15	0	-10	0	-6	-4	0
11047	4	13	23	25	27	33	14	-3	-3	-8	-3	-2	-16	-22
11048	10	14	18	25	26	27	15	-6	-3	-1	0	-1	0	-5
11049	1	11	17	18	27	31	14	-11	-8	-2	0	0	-4	-1
11050	4	5	19	22	28	29	15	-2	-7	-7	-13	-9	-3	-1
11051	1	7	11	14	15	16	14	-1	-11	-1	-2	-8	-5	-1
11052	4	5	8	19	27	28	8	-1	-1	-18	-1	-2	-1	-5
11053	3	6	10	12	22	30	15	-8	-15	-4	-11	-2	-6	-2
11054	8	11	16	17	22	33	8	-1	-2	-2	-4	0	-6	-1
11055	8	13	16	17	29	32	16	0	-7	0	0	-4	-9	-35
11056	13	16	19	20	23	25	10	0	0	-3	-10	-8	-7	-25
11057	4	6	20	21	26	33	2	-4	-3	0	-14	-8	-2	-21
11058	7	18	22	30	32	33	6	-6	-8	-3	-4	-2	0	-60
11059	24	26	27	29	31	33	16	-18	-1	-6	-3	-9	0	-3
11060	10	11	13	21	27	31	1	-6	-5	-3	-2	0	0	-31
11061	2	3	8	13	19	21	3	-15	-7	-5	0	-4	0	-66

续表

期号	中奖号码							遗漏值						
	红	红	红	红	红	红	蓝	红	红	红	红	红	红	蓝
11062	4	8	9	10	29	30	3	-4	0	-15	-1	-2	-3	0
11063	4	6	13	15	18	19	5	0	-5	-1	-11	-4	-1	-26
11064	3	6	7	29	30	33	2	-2	0	-5	-1	-1	-4	-6
11065	4	16	23	25	27	29	3	-1	-8	-8	-8	-4	0	-2
11066	4	6	14	17	30	32	12	0	-1	-14	-10	-1	-7	-27
11067	17	19	20	24	25	27	12	0	-3	-9	-7	-1	-1	0
11068	3	7	10	15	19	24	10	-3	-3	-5	-4	0	0	-11
11069	2	13	16	18	24	30	12	-7	-5	-3	-5	0	-2	-1
11070	1	3	5	12	21	28	12	-18	-1	-17	-16	-8	-17	0
11071	1	2	15	22	28	30	2	0	-1	-2	-12	0	-1	-6
11072	1	6	10	11	18	27	12	0	-5	-3	-11	-2	-4	-1
11073	3	4	5	12	17	21	14	-2	-6	-2	-2	-5	-2	-21
11074	2	21	26	28	29	32	1	-2	0	-14	-2	-8	-7	-13
11075	7	9	10	12	31	32	13	-6	-12	-2	-1	-14	0	-33
11076	6	19	21	26	32	33	13	-3	-7	-1	-1	0	-11	0
11077	1	7	8	15	26	29	10	-4	-1	-14	-5	0	-2	-8
11078	3	5	13	20	22	29	9	-4	-4	-8	-10	-6	0	-33
11079	3	14	15	16	24	29	5	0	-12	-1	-9	-9	0	-15
11080	2	7	9	25	31	32	9	-5	-2	-4	-12	-4	-3	-1
11081	6	14	19	23	25	32	12	-4	-1	-4	-15	0	0	-8
11082	7	16	17	20	25	26	4	-1	-2	-8	-3	0	-4	-38
11083	7	16	18	24	28	29	6	0	0	-10	-3	-8	-3	-24
11084	9	10	12	16	18	32	15	-3	-8	-8	0	0	-2	-30

续表

期号	中奖号码							遗漏值						
	红	红	红	红	红	红	蓝	红	红	红	红	红	红	蓝
11085	3	6	11	21	24	31	10	-5	-3	-12	-8	-1	-4	-7
11086	6	7	9	12	17	24	9	0	-2	-1	-1	-3	0	-5
11087	2	3	4	5	18	28	1	-6	-1	-13	-8	-2	-3	-12
11088	3	9	17	20	21	29	4	0	-1	-1	-5	-2	-4	-5
11089	1	2	11	24	29	30	12	-11	-1	-3	-2	0	-17	-7
11090	2	5	14	18	21	25	16	0	-2	-8	-2	-1	-7	-30
11091	9	15	21	23	28	30	3	-2	-11	0	-9	-3	-1	-25
11092	5	10	17	26	31	32	4	-1	-7	-3	-9	-6	-7	-3
11093	4	7	11	13	23	30	9	-5	-6	-3	-14	-1	-1	-6
11094	9	11	12	17	18	19	5	-2	0	-7	-1	-3	-12	-14
11095	3	7	8	10	23	24	5	-6	-1	-17	-2	-1	-5	0
11096	1	4	7	13	14	19	15	-6	-2	0	-2	-5	-1	-11
11097	9	17	19	20	21	26	16	-2	-2	0	-8	-5	-4	-6
11098	3	7	20	21	22	32	5	-2	-1	0	0	-19	-5	-2
11099	10	12	13	21	26	27	14	-3	-4	-2	0	-1	-26	-25
11100	7	11	21	23	31	32	5	-1	-5	0	-4	-7	-1	-1
11101	6	10	19	23	29	31	6	-14	-1	-3	0	-11	0	-17
11102	1	5	13	21	27	31	11	-5	-9	-2	-1	-2	0	-64
11103	4	5	10	13	15	16	12	-6	0	-1	0	-11	-18	-13
11104	9	10	16	20	25	29	9	-6	0	0	-5	-13	-2	-10
11105	4	6	23	25	27	28	1	-1	-3	-3	0	-2	-13	-17
11106	2	11	12	14	24	32	14	-15	-5	-6	-9	-10	-5	-6
11107	4	9	16	17	22	29	15	-1	-2	-2	-9	-8	-2	-10

续表

期号	中奖号码							遗漏值						
	红	红	红	红	红	红	蓝	红	红	红	红	红	红	蓝
11108	2	17	22	26	29	33	10	-1	0	0	-8	0	-31	-22
11109	1	3	9	15	16	33	15	-6	-10	-1	-5	-1	0	-1
11110	12	14	21	26	28	33	12	-3	-3	-7	-1	-4	0	-6
11111	1	3	5	20	25	27	4	-1	-1	-7	-6	-5	-5	-18
11112	3	5	16	18	23	24	15	0	0	-2	-17	-6	-5	-2
11113	6	10	11	25	32	33	5	-7	-8	-6	-1	-6	-2	-12
11114	1	14	15	16	30	32	9	-2	-3	-4	-1	-20	0	-9
11115	7	8	9	12	17	33	16	-14	-19	-5	-4	-6	-1	-17
11116	1	7	11	12	17	27	5	-1	0	-2	0	0	-4	-2
11117	8	10	19	26	28	30	4	-1	-3	-15	-6	-6	-2	-5
11118	5	6	11	14	20	21	10	-5	-4	-1	-3	-6	-7	-9
11119	9	12	14	19	28	32	1	-3	-2	0	-1	-1	-4	-13
11120	4	14	17	28	30	33	7	-12	0	-3	0	-2	-4	-90
11121	4	14	22	25	32	33	2	0	0	-12	-7	-1	0	-49
11122	10	12	18	26	27	31	3	-4	-2	-9	-4	-5	-19	-30
11123	1	4	5	14	19	28	16	-6	-1	-4	-1	-3	-2	-7
11124	9	18	19	26	31	32	16	-4	-1	0	-1	-1	-2	0
11125	3	10	15	24	27	32	8	-12	-2	-10	-12	-2	0	-70
11126	3	7	13	18	23	26	16	0	-9	-22	-1	-13	-1	-1
11127	16	19	22	23	27	29	11	-12	-2	-5	0	-1	-18	-24
11128	9	11	14	17	19	23	12	-3	-9	-4	-7	0	0	-17
11129	7	10	11	21	23	26	6	-2	-3	0	-10	0	-2	-27
11130	7	14	18	23	25	32	15	0	-1	-3	0	-8	-4	-17

续表

期号	中奖号码							遗漏值						
	红	红	红	红	红	红	蓝	红	红	红	红	红	红	蓝
11131	2	7	9	17	21	25	1	-22	0	-2	-2	-1	0	-11
11132	2	5	12	13	25	33	7	0	-8	-9	-5	0	-10	-11
11133	12	14	20	21	25	31	16	0	-2	-14	-1	0	-8	-6
11134	1	2	6	7	30	31	10	-10	-1	-15	-2	-13	0	-15
11135	12	13	17	20	25	26	12	-1	-2	-3	-1	-1	-5	-6
11136	2	4	6	20	22	31	7	-1	-12	-1	0	-8	-1	-3
11137	2	11	18	23	30	33	13	0	-7	-6	-6	-2	-4	-60

第三节 原理归纳

一、 在混沌运行系统中， 极值是可以捕捉到的规律

按照“任何随机事件都符合物理运动系统中的混沌运动规律”这一结论，在一定的短时间序列内，出现频率较高的那部分现象，受初始值影响很大。在彩票投注中，如某几期内出现某个号码、某个组合、偶数号码（或奇数号码）等明显偏多的现象，是受初始值包括但不限于如摇号时的室内气压、湿度、温度，各彩球因磨损所改变的质量，每个彩球因摩擦所转移的电子多寡，开奖时间的微小偏差（受引力的影响）等因素的影响，其中一项或多项都有可能成为上述偏多现象的决定因素。

从这个层面来看，应该是偏多的现象有规律。但这种规律除非

用超级计算机，经过繁杂的运算才能得到。就像天气预报，由于系统很庞大，影响因素很多，需要的方程就很多，而且每个方程的项数也很多，微分方程很难解，人是无法解复杂的微分方程的，计算量和精度要求太大了。一般的代数方程在5次以上就没有系统的解法了，微分方程更是难上加难。还有就是精度要求高，就算你精确到小数点后几十位甚至更精确，在小数点后面的很多位稍稍改动一点，就可能得出截然不同的答案。这就是前面所说的，在南美洲（热带）一只蝴蝶振动一下翅膀，就可导致千里之外的一场飓风——“蝴蝶效应”，差别就是这么大，超出了人们的想象。以目前的技术来看，要做出准确的天气预报，就需要造出一台像摩天大楼那样高的处理器来。现在的超级计算机，处理能力大概是每秒可进行1000万亿次浮点运算，耗资超过5000万美元，准确度只有80%左右。因此，与其说偏多的现象有规律，是可以计算得出的，不如说这是“神仙”才能做得到的事！

幸运的是，在彩票运行系统中，笔者找到了克服混沌现象的方法——极值。用极值，我们能保证一个号码、一个组合、一组连号等现象，在未来的几期内“一定”出现。然而，有些书籍鼓励你用“热号”投注，这样做就如股市中很多人总喜欢更换自己原来买的股票一样——根据大量分析这只新换入的股票一定能涨。如果你总能知道下一只股票“一定”能涨，你又为何在“上一次”买股票时没有这样的灵感呢？最终变成“买的时候不涨，一卖就涨！”的经典案例！彩票亦如此，因为你根本无法分析出某个已经连续出现两三次的号码“一定”会在下几期继续出现，成为热号。与其这样，不如说是你投注的号码“恰巧”成了“热号”。

另一方面，比如你选复式红球 9 个号码时，减去你选入的两个组合号码作为下一个 10 期“一定会出的号码”，剩余 7 个号码命中 2 个号码的概率为 31.2%、命中 3 个号码的概率为 9.3%，即如果你守了 7 期，组合号码没有出现，同时剩余的 7 个号码也没有出现过中 2 个和 3 个的情况，则很有可能后面 3 期内 7 个号能命中三次 2 个红球，或者能命中一次 3 个红球。假设后 3 期中，同时能命中 2 个号码的组合号，合计就有可能命中 4 个或 5 个红球号码。为再命中 1 个或 2 个红球号码（中出一等奖、二等奖）奠定了基础。

喜欢用巧劲的读者可以不用每期投注，而是等到出现某一规律的现值与极值的距离小于 10 时，守上 10 期，其中奖概率就能大幅提高。

二、 大奖是守出来的， 不要轻易更换你的投注号码

坚持用两个号码的组合极值，加上合理的复式或胆拖投注，能大幅提高中大奖的概率！

在论证了“在混沌运行系统中，极值是可以捕捉到的规律”这个命题是真命题后，这个命题就容易理解了。选定一组两个红球的组合号码后，再选择一些号码，尤其要选择一些未出现间隔期大的号码（可以视为冷码，如果你的财力足够，也可以将热码选入一些）。这样，就将原来预测 6 个号码的难度降低为预测 4 个号码，概率自然会相应提高。另外，世界上许多事物都是有规律、有秩序的，同时又具备简法对称、和谐等形式美的特征，因此可以将 33 个号码对称地分为三个分区：

1、2、3、4、5、6、7、8、9、10、11号为一区；

12、13、14、15、16、17、18、19、20、21、22号为二区；

23、24、25、26、27、28、29、30、31、32、33号为三区。

在你所选的号码中，排除用极值理论选出的一组两个红球组合号码后的其他号码，你大可不必考虑它是否是热码，而是在三个分区中均选择一些号码守株待“号”就行了。如果它成为热号，在你守号投注的过程中，碰到你选的两个红球组合号码一同出现的机会自然增大，这样你中出3个以上红球号码的可能性就大增。

如果是冷号，它“一定”会在极值前出现。那么，你在守号的过程中，碰到你选的两个红球组合号码的机会也会增大！

第二章 极值的运用

第一节 极值运用概述

在上面叙述的例子中，已经提及了极值的运用，下面将本书需要运用的极值列于表 2 - 1 中。

表 2 - 1 极值一览表

项目	极值	备注	项目	极值	备注
红球 1 号	-26	即最大不出间隔期	红球 18 号	-23	即最大不出间隔期
红球 2 号	-25	同上	红球 19 号	-24	同上
红球 3 号	-29	同上	红球 20 号	-42	同上
红球 4 号	-37	同上	红球 21 号	-33	同上
红球 5 号	-29	同上	红球 22 号	-42	同上
红球 6 号	-28	同上	红球 23 号	-24	同上
红球 7 号	-21	同上	红球 24 号	-25	同上
红球 8 号	-34	同上	红球 25 号	-40	同上
红球 9 号	-28	同上	红球 26 号	-22	同上
红球 10 号	-35	同上	红球 27 号	-26	同上
红球 11 号	-25	同上	红球 28 号	-24	同上

续表

项目	极值	备注	项目	极值	备注
红球 12 号	-26	同上	红球 29 号	-29	同上
红球 13 号	-28	同上	红球 30 号	-25	同上
红球 14 号	-26	同上	红球 31 号	-31	同上
红球 15 号	-32	同上	红球 32 号	-20	同上
红球 16 号	-28	同上	红球 33 号	-35	同上
红球 17 号	-26	同上			
蓝球 1 号	-66	即最大不出间隔期	蓝球 9 号	-94	即最大不出间隔期
蓝球 2 号	-81	同上	蓝球 10 号	-60	同上
蓝球 3 号	-67	同上	蓝球 11 号	-64	同上
蓝球 4 号	-112	同上	蓝球 12 号	-84	同上
蓝球 5 号	-104	同上	蓝球 13 号	-84	同上
蓝球 6 号	-89	同上	蓝球 14 号	-70	同上
蓝球 7 号	-90	同上	蓝球 15 号	-83	同上
蓝球 8 号	-71	同上	蓝球 16 号	-68	同上

项目	极值	项目	极值
任意两个红球组合最大不出现的间隔期	-307	1~11 红球中不出重复号的最大间隔期	-24
最大不出现 1 个红球重复号的间隔期	-11	12~22 红球中不出重复号的最大间隔期	-21
最大不出现 2 个红球重复号的间隔期	-24	23~33 红球中不出重复号的最大间隔期	-13
最大不出现 3 个红球重复号的间隔期	-112		
1~11 红球中不出 1 个号的最大间隔期	-18	1~11 红球中不出 3 个号的最大间隔期	-17
12~22 红球中不出 1 个号的最大间隔期	-18	12~22 红球中不出 3 个号的最大间隔期	-19
23~33 红球中不出 1 个号的最大间隔期	-20	23~33 红球中不出 3 个号的最大间隔期	-20
1~11 红球中不出 2 个号的最大间隔期	-10	1~11 红球中不出 4 个号的最大间隔期	-57
12~22 红球中不出 2 个号的最大间隔期	-13	12~22 红球中不出 4 个号的最大间隔期	-55
23~33 红球中不出 2 个号的最大间隔期	-14	23~33 红球中不出 4 个号的最大间隔期	-108

注：红球 11 号的极值在 2012 年第 035 期达到新的极值 -30

下面，我们一起分析几个极值在彩票中奖应用中的案例。

概述案例一

我们一起预测 2011 年第 134 期可能出的奖号。截至 2011 年第 133 期，共有 6 个红球号的遗漏在 -10（含 -10）以上：

红球 1 号	红球 4 号	红球 6 号	红球 8 号	红球 28 号	红球 30 号
-10	-10	-15	-16	-10	-13

注：负值表示已间隔 N 期未出现该号，即遗漏值。

为什么只统计遗漏值在 -10（含 -10）以上的情况呢？

按截至本书定稿时所有的中奖期计算，1～33 号在遗漏值 -10（含 -10）内出现的概率最低为 83%，即可以认为：当一个号码的遗漏值在 -10（含 -10）以上时，该号在后几期内出现的概率较大（即越来越接近极值时）。据此，我们把这 6 个号全部选上。

我们接着分析：将红球号码 1～9、10～19、20～29、30～33 分成四个区间：一区、二区、三区、四区。

在本节的四个案例中，分区方式均为按四个分区划分。笔者在此处没有按三个分区划分，是由于只运用一个号码的极值规律来预测的难度要大于运用两个号码的极值规律来预测的难度。按四个分区划分是为了适合运用一个号码极值规律的预测工作。按四个分区划分时，每区内包含的号码总数是不平均的分别为 9 个、10 个、10 个、4 个。这样由于分区内个数不同，使每个分区内一个中奖号码不出现及出现 1 个、2 个、3 个、4 个中奖号码的规律大相径庭——按三个分区划分时每区内包含的号码总数均为 11 个号码，每区的规律相差不大——从而增加了分析的难度；另外，多出一个分区，相当于增加了变量。由更多的变量推导出来的分析结果的准确度也会更高。只运用一个号码的极值来分析增加了难度，而按四个分区划分提高了分析的准确度，此消彼长，相互配合，才能达到准确选号的要求。在后文中，当我们掌握了运用两个号码的极值规律来分析的方法后，相应地降低了分析难度，此时则应该使用三个分区划分的方式进行预测。

这里要强调的是：由于每种由已开奖号码归纳出来的规律一定能找到对应的一定数量的N期历史开奖数据来证明该种规律的存在，区别只是N期的多与少，即符合规律发生的期数的多或少。彩票研究努力的方向是找出普遍适用的规律，即找出符合规律发生的期数的最大值。笔者坚持认为，在证明某期符合了某种规律时，绝不能穿凿附会，当选择号码的依据不充分时，就不能算作证明成立。因此，在运用一个号码的极值规律分析时，只分成三个区，很多案例就失去了充分的依据，就不能成立，因此必须分成四个区才行。本书从始至终坚持了这种主张：没有充分依据选择或压缩号码时，就不能增加或去掉号码。

笔者统计：有重复号码的期占73%，有一个重复号码的占44%，有两个重复号码的占24%，有三个重复号码的占5%。此时，一区不出重复号码的间隔为零期，二区、三区不出重复号码的间隔为零期（2011年第132期红球出号为2、5、12、13、25、33，蓝球为7；第133期红球出号为12、14、20、21、25、31，蓝球为16。重复号码分别为12、25），四区不出重复号码的间隔期却达到了8期。很明显，我们选四区的31作为下期（134期）的重复号码。

至此，我们共产生了 7 个可选号，分别为 1、4、6、8、28、30、31 号。让我们下注吧！假设我们只选 1 个蓝球，总共花费 14 元。怀着激动和期待的心情收看开奖结果：2011 年第 134 期的开奖号码为：红球 1、2、6、7、30、31，蓝球 10。

红球命中了 4 个号码！

如果命中蓝球 10 号：可中出 3 注四等奖，4 注五等奖，合计 640 元，投资回报为 44 倍。

如果未命中蓝球：则中出 3 注五等奖，合计 30 元，投资回报为 1.14 倍。（如果你对投资素有研究，就不会只看到花 14 元，“才”赚 16 元的“小钱”，而是看到巨大的收益率。巴菲特也只能承诺每年实现 25% 的收益率，而你已经远远超过他了！）假如你选择倍投，20 倍可净赚 320 元；50 倍可净赚 800 元，100 倍可净赚 1600 元……

如果再用上复式担拖投注技巧，你就会中二等奖，甚至一等奖。比如，在上面 7 个号码的基础上，再考虑：因为一区未中出的 4 个号码的间隔为 46 期、二区未中出的 4 个号码的间隔为 4 期、三区未中出的 4 个号码的间隔为 5 期，很明显，一区出四个号码的可能性极大。因此，采用胆拖投注法，胆号选 30、31，拖号将一区号码全选上，即 1、2、3、4、5、6、7、8、9，共投入 252 元，获奖结果是：

红球命中 6 个号码。若命中蓝球，可获 1 注一等奖，奖金为 6641721 元；若未命中蓝球，可获 1 注二等奖、20 注四等奖、60 注五等奖，奖金合计 267111 元。

读者可以计算一下投资回报率。

如果你觉得这纯属偶然，那么我们再从 2011 年中找出符合规律的几期，你会看到，仅仅2011年就有这么多期符合极值规律，2010年也一样，2009年也一样……自己动手验证吧！接下来，2012也会一样！

概述案例二

2011年第126期。当时，红球遗漏大于间隔10期的有3个号：2号遗漏18期，16号遗漏12期，29号遗漏18期。此时，第三区（20~29号所在的10个红球号码）已经间隔16期未出现中出3个号码的情况，下一期很有可能（127期）在第三区中出3个以上号码。因此，若采用胆码为2、16、29号、拖码为20、21、22、23、24、25、26、27、28号投注，总投入为168元。

2011年第127期开奖结果是：红球16、19、22、23、27、29号，蓝球11号。命中5个红球。若命中蓝球，合计中出三等奖1注、四等奖18注、五等奖45注、六等奖20注，可得奖金共7150元。

假如你用另外的技巧将胆2号改为19号，结果如何呢？当然是至少中出二等奖！

概述案例三

2011年第74期。当时，红球遗漏大于间隔10期的有4个号码：8号遗漏12期，9号遗漏12期，31号遗漏14期，33号遗漏10期。可用这4个号作为胆码，即8、9、31、33号。因为其他号码的极值规律不明显，根据中出相连号码的概率约为70%（连号即相差值为1的两个号，如1、2，23、24等），则8、9、31、33号的连号分别为7、10、30、32号，我们用这4个号码作为拖码，即拖码为7、10、30、32号，总投入为12元。

2011年第75期开奖结果是：红球7、9、10、12、31、32号，蓝球13号。若击中蓝球13号，最多可中出四等奖3注、五等奖3注，奖金共计630元。

由于可选的号码较少，你也可以采用复式投注方法，将8个号全选，即7、8、9、10、30、31、32、33号，总投入56元。若击中蓝球13号，则最多可中出三等奖3注、四等奖15注、五等奖10注，奖金共计12100元——恐怖的投入产出比！

概述案例四

2011年第45期。当时，红球遗漏大于间隔10期的有4个号码：8号遗漏12期，9号遗漏15期，18号遗漏10期，33号遗漏15期。可用这四个号作为胆码，即8、9、18、33号。因为其他号码的极值规律不明显，我们又发现缺了第三区的号码，因此我们把20~29号共10个号码作为拖码，即20、21、22、23、24、25、26、27、28、29号，总投入90元。

2011年第46期开奖结果是：红球9、17、18、26、29、30号，蓝球13号。若击中蓝球13号，最多可中出四等奖3注、五等奖3注，奖金共计630元。

……

还有很多这样的例子，因篇幅有限，不再一一枚举，请读者自己验证。**若你能读完此书，用笔者教你的方法进行“深加工”，就能赢取一等奖了！**

“股神”巴菲特说：“赚钱的三条原则，第一是不要亏损，第二是不要亏损，第三还是不要亏损。”另一位中国“股神”林园也说过：“一年不亏损，三年翻一番。”这些话的原理是说，只有保住本金，你才能具备进行下一次投资的实力，否则你连继续投入的能力都没有，何谈成功就在下一次呢？因此，在上面的案例中可能并未中出一等奖，但只要保存了本金实力，大奖一定会在不远的一期出现！

你须认真思考为什么极值如此高效？

因为我们确实不知道什么号码在未来几期内会呈现出热号（即连续出 3 次以上，并且每两次出号的最大间隔不超过 3 期）的趋势。如果我们能找到分析的方法，是可以连续几期命中该号码的。但是，现实中我们常常看到：一个似乎已经呈现出热号特征（也连续出了 2～3 期，且每两次出号的最大间隔不超过 3 期）的号码，当我们坚定地连续多期选择它时，它又仿佛“死去”一样，间隔十几期都不再出现。

例如：在 2011 年 120 期时，红球 4 号在遗漏了 12 期后才出现，紧接着 121 期、123 期连续开出该号码，本以为在未来的 5～10 期内 4 号能成为热号，但是从 124 期起到 136 期，足足间隔了 12 期才再次出现。

我们将出现热号的现象称为概率中的偏态现象。

前面我们分析过，为什么一些号会形成热号，是由于彩球在摇号时，敏感地依赖于包括但不限于以下初始条件，即当时摇号室内气压、湿度、温度，各彩号因磨损所改变的质量，每个彩号因摩擦所转移的电子多寡等，这些因素叠加在一起形成了结果。但是，凡夫俗子，仅凭肉眼是根本无法分析出来的。

极值是由概率决定的。在不考虑任何变量的情况下，一枚硬币抛出正面和反面的概率各为50%。但偏态是无处不在的：在一个较短时间序列内，可能抛出正面的次数大于反面，也可能抛出反面的次数大于正面。但只要时间足够长，两者抛出的总次数是一样多的。也就是说，硬币连续抛出正面（反面）的次数一定存在一个极值，接近这个值时，抛出相反的情况的概率呈几何级数地增大，出现“一定性”的特征。所以，偏态不可能总往一个方向发展，在某个时间点，将出现拐点，由多变少，或由少变多，这样才能保证在未来某个时点使两者的次数达到一致。用数字来表达这个拐点就是“极值”。因此，极值的“一定性”是远高于偏态的（彩票中的热号、冷号就属于偏态现象）。

我们整理一下极值运用的原则：

1. 越接近极值，出现的概率越高。

2. 超过极值后，要放弃坚守，直到新的极值诞生，并以新的极值替换旧的极值作为新的标准。

3. 当一种规律远离极值时，应放弃使用这种规律来分析选择号码。比如，当红球1～33个号码不出现的间隔均小于10期时，此时出现混沌即无规律状态，我们不能以这个规律去选择号码，而应查找符合其他规律的极值。例如，查询两个号码的组合中有没有接近极值的。若有，应从中选出两个号码。

4. 运用极值原理预测彩票中奖号码，要坚持“守号”的投资方式。

第二节　“极值”的同步性原理

一、号码的同步性

逻辑思辨能力强的读者马上会提出一个尖锐的问题：比如红球1号，到2011年第137期共出现了250次，只要每期都选红球1号，也可以中出很多次红球1号，何必用极值去分析呢？

其实不然，它们最大的区别在于是否具有“同步性”！即任一期6个号码中有几个你选中的号码一同出现。

我们先把第3001期～第1137期出现次数最多的6个号码找出来，按从大到小排列，分别是：

3号	259次
30号	258次
26号	257次
18号	253次
32号	251次
1号	250次

用本书后面的程序统计出第3001期～第11137期这6个号码的同步性，统计结果见表2－2。

表 2－2 号码同步性

中奖个数	中奖次数	蓝球中奖次数	占比（%）
6	0	0	0
5	1	0	0.1
4	5	1	0.4
3	90	3	7.1

中奖期	红球 1 位	红球 2 位	红球 3 位	红球 4 位	红球 5 位	红球 6 位	蓝球
6100	1	11	18	26	30	32	3

表 2－2 的统计结果说明，这 6 个出现次数最多的号码没有出现过同时在一期中出现的情况，最多“同步”出现了 5 个号码，概率只有大约 0.1%。合计同步出现 3 个以上号码的情况，概率也只为 7.5%，这个概率和任意选取的 6 个号码即 1、7、12、18、26、29 的概率相差无几（同步出现 3 个以上号码的概率为 7.1%）。因此，把出现频率最高的号码选在一起并不具有“同步性”。

统计结果要求，必须找到一种方法作为“纽带”，把看似不能联系起来的随机事件联系起来。笔者发现，只有极值才能作为这样的“纽带”！

我们一起来验证其正确性。

在 3 号、30 号、26 号、18 号、32 号、1 号六个号码中同时命中三个号码，最近一期发生在 11126 期开奖结果是：红球 3、7、13、18、23、26，蓝球 16。在 11125 期时，共有 5 个红球号的遗漏在－10以上，分别为：

号码	2	13	16	23	29
遗漏	-17	-22	-11	-13	-17

全部选入这 11 个号（3、30、26、18、32、1 和 2、13、16、23、29）进行复式投注，共投入 924 元，命中 5 个红球号码。复式投注的中奖结果见表 2-3。

表 2-3　中奖情况（一）

期号 11126 期	奖金合计（元）
命中蓝球	35909
未命中蓝球	1950

事实胜于雄辩！上述分析证明了极值具有“同步性”的耦合作用（耦合的物理解释：两个或两个以上的实体相互依赖于对方的一个量度）。

我们再次验证命中 4 个号码时，极值的神奇作用。

在 3 号、30 号、26 号、18 号、32 号、1 号六个号码中同时命中四个号码，最近一期发生在 2008 年第 130 期，开奖结果：红球 1、12、18、28、30、32，蓝球 6。在 08129 期时，共有 5 个红球号码的遗漏在 -10 以上，分别为：

号　码	6	9	17	28
遗　漏	-16	-10	-14	-20

全选这 10 个号码（3、30、26、18、32、1 和 6、9、17、28）

进行复式投注，共投入420元，命中5个红球号码。复式投注的中奖结果见表2-4。

表2-4 中奖情况（二）

期号11126期	奖金合计（元）
命中蓝球	26275
未命中蓝球	1500

“极值”能实现同步性的原理在于：“极值”揭露了任何一种规律在邻近的一期、三期、五期、十期这样的短时间序列内“一定”出现的本质，它能最大限度地把1个号码的规律扩大到2个、3个、4个、5个、6个号码（只要开奖数据足够多）。当有符合极值规律的现象发生时，符合规律的号码可以达到两个以上，即“同步”出现了两个以上的中奖号码，这样通过复式、胆拖等投注技巧，可以大幅提高4个以上的红球号码同时出现的概率。

二、被“高估”的热号和被“低估”的冷号

出现频率高、次数多的号码称为“热号”，不论对于所有已经开出的中奖期数（如目前的1269期），还是邻近的10期、20期等，都会有热号出现。一个较短时期的热号可以定义为“连续出三次以上，并且每两次出号的最大间隔不超过3期的号码”。笔者并不认可热号的规律是可掌握的，因为热号什么时候出现（即使之前它遗漏了很多期，再出现后也不一定能成为热号），以及热度会持续多少期都是无法确定的，能确定的只是当热号持续了多期后一定会调整，

变成温号甚至变冷多期不出现。判断热号何时会出现和将要持续多少期是很困难的，因此对热号做太多的研究是没有太大意义的，我们需要的是判断下一期什么号码会出现。然而，用极值规律选出的冷号即遗漏值大的号码或组合才具有近期一定出现的“确定性”属性，但却常常被忽视。因此，热号只能作为一种补充，当你想增加更多的号码以便提高命中概率时才使用。

必须特别强调的是，这里所说的“用极值规律选出的冷号”，必须是符合极值理论的冷号。比如，历史上从未出现过 6 个中奖号码重复的现象，即使出现过一次，由于出现的次数太少，并不具有统计意义，因此这种情况不能视为冷号。

第三节　单个红球号码的极值

如果你对上面章节所述内容理解得不够深刻，请不用着急，本节将带你从具体的案例中逐步掌握，直至融会贯通、运用自如。

再次列出红球 1～33 的极值——红球某号最大不出现的间隔期，见表2－5。

表 2－5　单个红球极值一览表

项目	极值	备注	项目	极值	备注
红球 1 号	－26	即最大不出间隔期	红球 18 号	－23	即最大不出间隔期
红球 2 号	－25	同上	红球 19 号	－24	同上
红球 3 号	－29	同上	红球 20 号	－42	同上

续表

项目	极值	备注	项目	极值	备注
红球 4 号	-37	同上	红球 21 号	-33	同上
红球 5 号	-29	同上	红球 22 号	-42	同上
红球 6 号	-28	同上	红球 23 号	-24	同上
红球 7 号	-21	同上	红球 24 号	-25	同上
红球 8 号	-34	同上	红球 25 号	-40	同上
红球 9 号	-28	同上	红球 26 号	-22	同上
红球 10 号	-35	同上	红球 27 号	-26	同上
红球 11 号	-25	同上	红球 28 号	-24	同上
红球 12 号	-26	同上	红球 29 号	-29	同上
红球 13 号	-28	同上	红球 30 号	-25	同上
红球 14 号	-26	同上	红球 31 号	-31	同上
红球 15 号	-32	同上	红球 32 号	-20	同上
红球 16 号	-28	同上	红球 33 号	-35	同上
红球 17 号	-26	同上			

注：红球 11 号的极值在 2012 年第 035 期达到新的极值 -30。

结论：在所有单个红球号中，极值的最高值是 -42，最低值是 -20，平均值是 -28.7。

我们开始验证。

单个红球案例一

我们先重温一下前面列举的一个案例。

2011 年第 130 期。当时，红球 2 号已经间隔了 22 期未出现。而在红球 2 号的所有历史已出期中，该号的最大不出间隔为 25 期。由于目前的间隔22期已非常接近极值25期，用极值25减去22等于3。也就是说，在第131期到第133期共三期内，2号红球一定会出现。**奇迹就是这样诞生的**！第131期，红球开出2、7、9、17、21、25号。

单个红球案例二

2011年第125期。当时，红球13号的已经间隔了22期未出现。而在红球13号的所有历史已出期中，该号的最大不出间隔期为28期。由于目前的间隔22期已非常接近极值28期，用极值28减去22等于6。也就是说，在第126期~第131期的六期内，13号红球一定会出现。再次诞生奇迹！结果，第126期红球开出3、7、13、18、23、26号。

单个红球案例三

2011年第113期。当时，红球30号已经间隔了20期未出现。而在红球30号的所有历史已出期中，该号的最大不出间隔期为25期。由于目前的间隔20期已非常接近极值25期，用极值25减去20等于5。也就是说，在第113期~第117期的三期内，30号红球一定会出现。结果，第114期红球开出1、14、15、16、30、32号。

单个红球案例四

在所有红球号码中，极值的最高值是-42，最低值平均值为-20，平均值是-28.7。因此，当某个红球号码的遗漏间隔接近20期时，你完全可以选择它。我们来验证该判断。

2011 年第 88 期。当时，红球 30 号已经间隔 17 期未出现了。而在红球 30 号的所有历史已出期中，该号的最大不出间隔为 25 期。用极值 25 减去 17 等于 8。是否需要等上 8 期才有可能中出 30 号呢？这时，运用“所有红球号码中极值的最高值是 -42，最低值平均值为 -20”这条规律，将接近极值改为接近 20，用 20 减去 17 等于 3。也就是说，在第 89 期 ~ 第 91 期的三期内，30 号红球一定会出现。结果，第 89 期红球开出 1、2、11、24、29、30 号。

现在你应该不会认为这是奇迹了吧。这是一种必然，一种“确定性”！

单个红球案例五

再次验证！

2011 年第 80 期。当时，红球 23 号已经间隔 15 期未出现。而在红球 23 号的所有历史已出期中，该号的最大不出间隔为 24 期，用极值 24 减去 15 等于 9。是否需要等上 9 期才可能中出 23 号呢？把接近极值改为接近 20，用 20 减去 15 等于 5，即在第 80 期 ~ 第 85 期的 5 期内，23 号红球一定会出现。结果，第 81 期红球开出 6、14、19、23、25、32 号。

如何，是否已经耳熟能详了呢?!

这种现象的本质，就是前面所说的“某种形式的偏态不能一直持续下去，总在近接极值时出现拐点，发生逆转”。

表 2 -6 列出 2003—2011 年的 9 年中，任何一个红球号码在不出间隔超过 12 期、15 期、17 期时一定出现的次数，以及当年所有已出期中符合这一规律的比率。

说明：如果你有一定的财力基础，可以将所有号码的极值降低至 -12 或 -15 或 -17，以提高中高等级奖金的概率。

表 2-6　红球不出间隔越过 N 期时一定出现次数的比较

年　份	不出间隔超过 12 期时一定出现的次数	当年符合规律的比率（%）	不出间隔超过 15 期时一定出现的次数	当年符合规律的比率（%）	不出间隔超过 17 期时一定出现的次数	当年符合规律的比率（%）
2003	31	34.8	22	24.7	17	19.1
2004	45	36.9	26	21.3	22	18.0
2005	77	50.3	42	27.5	26	17.0
2006	70	45.5	46	29.9	31	20.1
2007	68	44.4	37	24.2	27	17.6
2008	69	44.8	48	31.2	30	19.5
2009	71	46.1	43	27.9	32	20.8
2010	70	45.8	50	32.7	31	20.3
2011	73	51.8	41	29.1	30	21.3
合　计	574	45.1（平均值）	355	27.9（平均值）	246	19.3（平均值）

比如，从 2011 年第 001 期起，你用不出现间隔达到 12 期的号码投注，则下一期有该号码出现的期数为 73 期，概率为 51.8%；若用不出现间隔达到 15 期的号码投注，则下一期有该号码出现的期数为 41 期，概率为 29.1%；若用不出现间隔期达到 17 期的号码投注，则下一期有该号码出现的期数为 30 期，概率为 21.3%。

你知道“二八法则”吗？“二八法则”是 20 世纪初由意大利统计学家、经济学家维尔弗雷多·帕累托提出的。他指出：在任何特定群体中，重要的因子通常只占少数，而不重要的因子则占多数。

因此，只要能控制具有重要性的少数因子即能控制全局。这个原理经过多年的演化，已变成当今管理学界所熟知的“二八法则”。犹太人认为，存在一条78∶22的宇宙法则，世界上的许多事物，都是按78∶22这样的比率存在的。比如：空气中，氮气占78%，氧气及其他气体占22%；人体中的水分占78%，其他占22%；等等。

“二八法则”运用在彩票中，我们定义为：当一种现象出现的次数在全体次数中的比率超过20%时，这种现象就是高频率的现象。再看看表2-6，在红球不出期的三种间隔中出现的比率均超过或很接近20%。因此，我们必须充分利用这种高频规律带给我们的价值。

实际上，**当一种现象已接近极值的80%时，其出现的概率呈几何级数增加**。比如，一个号码的极值为-20，其80%即为-16，当现有极值接近-16时，已经处于最佳的选择期，你可以大胆选择它。

读完这一节，又会有不同的声音出现：彩票号码不是“单人游戏”，而是“六人游戏”，红球至少中两个号码才有中六等奖的可能，猜中一个有什么作用?！中一个红球号码没有任何奖金呀（先不考虑中蓝球号码的情况）！

第四节　两个红球号码组合的极值

顺着上一节最后读者提出的尖锐问题，我在这里先提出三个问题，然后再阐述其原理。

我们努力的方向是求证2个号码组合、3个号码组合、4个号码组合、5 个号码组合、6 个号码组合都是符合极值规律的。因此，首先从两个号码组合的极值规律开始分析。

问题一：1 ~ 33 号能组合成多少组不重复的两个号码的组合。

答案：528 组。

问题二：每期 6 个号码能组合成多少组不重复的两个号码的组合。

答案：15 组。

（为了说明“极值”运用的高效性，并方便读者检验，以下均从最近的彩票开奖期向历史开奖期追溯验证。）

两个红球号码组合案例一

2011 年第 137 期出奖号为：

红球　2、11、18、23、30、33

蓝球　13

能组成的不重复的两个红球号码的组合共有 15 组：

[2 11]　[2 18]　[2 23]　[2 30]　[2 33]

[11 18]　[11 23]　[11 30]　[11 33]

[18 23]　[18 30]　[18 33]

[23 30]　[23 33]

[30 33]

任何一期所出的 6 个红球号码均可以分解为 15 组不重复的两个号码的组合。

问题三：观察两个号码的组合符合极值规律的现象，其结果见表2－7。

表2－7 2011年第137期两个红球号码组合的极值统计

不重复的两个号码的组合	该种组合到2011年第136期时已间隔N期未出现（用负数表示）（以下简称“现值”）	该种组合历史上（至2011年第136期）不出的极值（用负数表示，以下简称“极值”）	现值与极值的距离（正值表示接近极值，负值表示已突破极值，以下简称“距离”）	极值的80%	现值与极值的80%的距离（正值表示接近极值的80%，负值表示已突破极值的80%）
[2 11]	-30	-100	70	-80	50
[2 18]	-46	-124	78	-99	53
[2 23]	-98	-102	4	-82	-16
[2 30]	-2	-145	143	-116	114
[2 33]	-4	-125	121	-100	96
[11 18]	-42	-98	56	-78	36
[11 23]	-7	-184	177	-147	140
[11 30]	-43	-141	98	-113	70
[11 33]	-23	-156	133	-125	102
[18 23]	-6	-170	164	-136	130
[18 30]	-67	-63	-4	-50	已突破极值
[18 33]	-78	-103	25	-82	4
[23 30]	-43	-112	68	-90	47
[23 33]	-89	-159	70	-127	38
[30 33]	-16	-152	136	-122	136

现在我们对表2－7进行说明：

1. 只有［18 30］组合突破了极值63期，未出现间隔达到67期，其余14组全部未突破极值，符合大部分现象不能超过极值的规律。

2. 当一种现象已接近极值的80%时，其出现的概率呈几何级数增加。

注意：涂灰的两行，见表2－8。

表2－8　2011年第137期两组红球号码组合的极值统计

号码组合	现　值	极　值	距　离	极值的80%	极值的80%的距离
［2 23］	－98	－102	4	－82	－16
［18 33］	－78	－103	25	－82	4

你若选择这两个组合中的4个红球号码即2、23、18、33，在137期时红球即可命中2011年第137期的4个号码！

聪明的读者会立即反驳：你是知道了137期的号码，然后倒推出来的结果。在528种组合中，有不少符合组合现值接近极值的情况，你是如何选出这两组的呢？

好戏接着看！

我们把所有现值接近极值的组合选出来作比较：在第136期，在528种两个号码的组合中，共有13种组合离极值的距离小于或等于25期，见表2－9（同时把现值/极值的百分比作为接近极值的80%的判断参考）。

表 2-9　2011 年第 136 期时离极值的距离≤25 期的组合

序　号	组　合	现　值	极　值	距　离	现值/极值（%）（接近 80% 就选择）
1	[8 18]	-142	-145	3	97.9
2	[2 23]	-98	-102	4	96.1
3	[22 24]	-100	-109	9	91.7
4	[1 23]	-141	-150	9	94.0
5	[12 30]	-83	-100	17	83.0
6	[11 16]	-82	-101	19	81.2
7	[12 23]	-189	-209	20	90.4
8	[14 27]	-88	-109	21	80.7
9	[8 16]	-81	-102	21	79.4
10	[4 8]	-74	-94	20	78.7
11	[18 33]	-78	-103	25	75.7
12	[19 24]	-68	-90	22	75.6
13	[18 29]	-53	-75	22	70.7

现在可以进行选择了，分三步进行：

第一步　选择与极值距离在 10 期以内的 1～4 种组合：[8 18] [2 23] [22 24] [1 23]。整理后可得到 7 个红球号码：1、2、8、18、22、23，24。

第二步　将与极值距离在 10 期以上、25 期以内的组合，按现值/极值的降序排列。这一步的根据是：**当一种现象已接近极值的 80% 时，其出现的概率呈几何级数增加。**我们选择余下的 [12 30] [11 16] [14 27] [8 16] [4 8] [18 33] [19 24] [18 29] 组合。

按大小整理，去掉和第一步重复的号，可得到10个红球号码：4、11、12、14、16、19、27、29、30、33。笔者在此只选16个号码，第一步已经选了7个号码，因此第二步最多只能再选9个号码。去掉最后一组号码［18 29］，因为18号为重复号，因此减少29号即可，这也是距离极值最远（即百分比最小）的一组号码。

将第一步、第二步选择的号码按升序整理为16个红球号码：1、2、4、8、11、12、14、16、18、19、22、23、24、27、30、33。

第三步 在财力允许的范围内，选择复式投注，16个号码全部投注。

接下来我们等待137期开奖。2011年第137期于2011年11月22日开奖，红球号码为2、11、18、23、30、33，蓝球号码为13。

祝贺你！你命中了6个红球号码，至少中出二等奖。由于是复式投资，你还中出多注其他奖项，共计二等奖1注、四等奖60注、五等奖675注，奖金共计180972元。

如果你够幸运，你就能中出一等大奖！由于是复式投资，你还可中出多注其他奖项，共计1等奖1注、三等奖60注、四等奖675注、五等奖2400注、六等奖4872注，奖金共计9131952元！

实际上，当你再看完本书，你就知道如何正确选择蓝球13号了（13号的遗漏为－60，蓝球13号的最大遗漏为－84，距离为24期，百分比为71%，果断选入）！此时，你需要的不是运气，而是本书中所有的技巧！

中奖明细见表2－10。

表 2－10 中奖赢利统计

期 号	一等奖（元）	二等奖（元）
10137	8768592	162222
投入成本	16016	16016
赢利（已计算兼中其他奖，并减去成本）	9115936	164956
投资利润率（倍）	559.2	10.3

如果你的财力有限，就需要更多的技巧，采取胆拖投注方式，减少投入成本。区别在于第三步：

把与极值距离最近的两种组合中的 4 个号码即［8 18］［2 23］号作为胆码，其余 12 个号码即 1、4、11、12、14、16、19、22、24、27、30、33 作为拖码，共投入 132 元，如果命中蓝球，你能中出三等奖 3 注、四等奖 27 注、五等奖 36 注，奖金共计 8760 元。

你试试：不改变上述号码，观察第 138 期～第 147 期，还会中不少期 4 个以上红球号码的情况。

你可能认为我是“百里挑一”选出的 137 期，其实不是，只是因为写此书时正好开奖到第 137 期，才选择该期作为案例。为了让你认识以上方法的神奇之处，接下来以开奖期每隔 10 期来分析（隔 10 期，是因为：如果相隔期数太近，组合的现值和极值区别不大，不利于看出其中的变化）。

两个红球号码组合案例二

让我们开始吧！

与第 136 期间隔 10 期，我们选择 2011 年第 126 期作为起点，分析选择第127期的号码。

在第126期，在528种两个号码的组合中，共有13种组合离极值的距离小于或等于25期，见表2-11。

表2-11　2011年第126期时离极值的距离≤25期的组合

序　号	号码组合	现　值	极　值	距离	现值/极值（%）
1	[16 21]	-104	-104	0	100.0
2	[12 29]	-93	-94	1	98.9
3	[20 28]	-151	-153	2	98.7
4	[18 30]	-57	-63	6	90.5
5	[16 19]	-70	-79	9	88.6
6	[8 18]	-132	-145	13	91.0
7	[30 31]	-126	-139	13	90.6
8	[12 20]	-121	-134	13	90.3
9	[1 23]	-131	-150	19	87.3
10	[2 23]	-88	-102	14	86.3
11	[22 24]	-90	-109	19	82.6
12	[20 31]	-90	-113	23	79.6
13	[13 25]	-70	-96	26	72.9

重复案例一的步骤：

第一步　选择与极值距离在10期以内的1～5种组合：[16 21]、[12 29] [20 28] [18 30] [16 19]。整理后可得到9个红球号码：12、16、18、19、20、21、28、29、30。

第二步　将与极值距离在10期以上、25期以下的组合，按现值/极值的降序排列。我们选择余下的8种组合：[8 18] [30 31]

[12 20] [1 23] [2 23] [22 24] [20 31] [13 25]。

去掉与第一步重复的号码，可得到10个红球号码：1、2、8、13、19、22、23、24、25、31。笔者在此只选16个号码，因为第一步已经选了9个号码，因此第二步最多只能再选7个号码。我们去掉最后两组号码：[13 25] [20 31]。因为在与极值距离在10期以内的1~5种组合中，[20 28] 组合中已有20号，而 [13 25] 组合是距离极值最远的，因此去掉13、25、31计3个号码。

将第一步、第二步选择的号码按升序整理为16个红球号码：1、2、8、12、16、18、19、20、21、22、23、24、28、29、30、31。

第三步 采用复式投注，16个号码全部投注。

接下来，我们等待第127期的开奖结果。2011年第127期于2011年11月22日开奖，红球号码为16、19、22、23、27、29，蓝球号码为11。

如果你选中蓝球，由于是复式投资，你共命中5个红球号码，合计中出三等奖11注、四等奖275注、五等奖1650注、六等奖6072注，奖金合计134860元，赢利118844元，投资回报率为7.4倍。

两个红球号码组合案例三

选择以2011年第116期为起点，分析选择第117期的号码。

在528种两个号组合中，共有15种组合离极值的距离小于或等于25期见，表2-12。

表 2-12　2011 年第 116 期时离极值的距离≤25 期的组合

序　号	号码组合	现　值	极　值	距　离	现值/极值（%）
1	[9 13]	-132	-136	4	97.1
2	[2 6]	-93	-97	4	95.9
3	[2 27]	-127	-133	6	95.5
4	[13 28]	-98	-105	7	93.3
5	[16 21]	-94	-104	10	90.4
6	[20 28]	-141	-153	12	92.2
7	[23 26]	-99	-111	12	89.2
8	[12 29]	-83	-94	11	88.3
9	[8 18]	-122	-145	23	84.1
10	[30 31]	-116	-139	23	83.5
11	[12 20]	-111	-134	23	82.8
12	[17 28]	-85	-103	18	82.5
13	[2 23]	-78	-102	24	76.5
14	[16 19]	-60	-79	19	75.9
15	[18 30]	-47	-63	16	74.6

第一步　选择与极值距离在 10 期以内的 1~4 种组合：[9 13] [2 6] [2 27] [13 28]。整理后可得到 6 个红球号码：2、6、9、13、27、28。

第二步　将与极值距离在 10 期以上、25 期以下的组合，按现值/极值的降序排列。我们选择余下的 11 种组合：[16 21] [20 28] [23 26] [12 29] [8 18] [30 31] [12 20] [17 28] [2 23] [16 19] [18 30]。

去掉和第一步重复的号码，可得到13个红球号码：8、12、16、17、18、19、20、21、23、26、29、30、31。笔者在此只选16个号码，因为第一步已经选了6个号码，因此第二步最多只能再选10个号码。我们去掉排序靠后的10~15序号中的6组号码：［30 31］［12 20］［17 28］［2 23］［16 19］［18 30］。因为号码2、12、16、18、20、23、28、30在序列1~9中的组合中已经存在，只剩下三个没有重复的号码即17、19、31，因此应去掉的号码为17、19、31。

然而，这时有一个现象的出现让我们必须作出一定的调整：19号的遗漏达到15期，为当时所有红球号码遗漏的最大值，号码31的遗漏达到14期，按极值运用规则不应去掉。号码12已连出两期，连出三期的可能性很小。同时，12号码的组合为［12 29］，既然12号出现的可能性很小，那么其组合出现的可能性也小。因此，综合考虑，将原来去掉的号码17、19、31更改成去掉号码12、17、29。

将第一步、第二步选择的号码按升排序整理为16个红球号码：2、6、8、9、13、16、18、19、20、21、23、26、27、28、30、31。

第三步 采用复式投注，16个号码全部投注。

接下来，我们等待第117期的开奖结果。2011年第117期于2011年10月6日开奖，红球号码为8、10、19、26、28、30，蓝球号码为4。

如果你命中了5个红球号码，同时也选中了蓝球号码，由于是复式投资，你将中出三等奖11注、四等奖275注、五等奖1650注、六等奖6072注，奖金合计134860元，赢利118844元，投资回报率为7.4倍。

细心的读者又会问了：在案例一表2-7和案例二表2-11中，涂有灰底的号码组合代表下期会出现的两个红球号码的组合，案例三中就没有了，说明即使下期能命中5个号码，也不能验证笔者所述的理论的正确性。你如何解释？

问得好！

我们必须解析好四个问题，请看下一节的案例总结。

第五节　两个红球号码组合案例总结

第一个问题：所选择的两个红球的组合一定会在下一期出现吗？

我们查看一下案例三，在第116期找出的15种组合中，到第137期时，有多少个组合会在达到极值前出现，见表2-13。

表2-13　两个红球号码组合会在达到极值前出现的统计

序号	组合	极值	距离	在第117~第137期中是否出现	出现间隔（期）	极值是否有效
1	[9 13]	-136	4	至第137期时未出现		超过极值未出现
2	[2 6]	-97	4	134期、136期出现	18、20	超过极值后出现
3	[2 27]	-133	6	至第137期时未出现		超过极值未出现
4	[13 28]	-105	7	至第137期时未出现		超过极值未出现
5	[16 21]	-104	10	至第137期时未出现		超过极值未出现
6	[20 28]	-153	12	至第137期时未出现		超过极值未出现
7	[23 26]	-111	12	第126期、第129期出现	10、13	有效
8	[12 29]	-94	11	至第137期时未出现		超过极值未出现
9	[8 18]	-145	23	至第137期时未出现		现有数据未知
10	[30 31]	-139	23	第134期出现	18	有效

续表

序号	组合	极值	距离	在第 117～第 137 期中是否出现	出现间隔（期）	极值是否有效
11	[12 20]	-134	23	第 133 期、第 135 期出现	17、19	有效
12	[17 28]	-103	18	第 120 期出现	4	有效
13	[2 23]	-102	24	第 137 期出现	21	有效
14	[16 19]	-79	19	第 127 期出现	11	有效
15	[18 30]	-63	16	第 137 期出现	21	超过极值后出现

其中：

1. 有七种组合超过极值未出现。前文我们说过，**一旦超过极值，强烈建议不再守号！**

2. 有两种组合［2 6］［18 30］超过极值后出现。

3. 有一种组合［18 30］现有数据未达到其极值的最后一期（第 139 期），因此是否符合规律尚不明确。

4. 有 6 组数据在接近或等于极值时出现！

以上数据表明，当一个组合接近极值时，在往后的期间内会出现的“一定性”很大，而不一定是出现在“下一期”。

正因为如此，在案例一和案例二中，用第 136 期的数据就能在第 137 期中中出两组号码——［2 23］［8 33］。用第 126 期的数据就能在 127 期中中出一组号码——［16 19］。恰恰相反，笔者认为这是“巧合”，而不完全是“一定性”的正确解析。

正确的理解应该是：

在第 136 期，［2 23］号码组合与组合极值的距离是 4（见案例一表 2-7，下同），在第 137 期～第 140 期共 4 期内出现的“一定性”大。［8 33］号码组合与组合极值的距离是 25，在第 137 期到 2012 年第 008 期出现的“一定性”大。

在第 126 期，［16 19］号码组合与组合极值的距离是 9，在第 127 期～第 135 期共 9 期出现的“一定性”大。

所以，正确的理解可以表述为：在第 126 期更早以前选择了［16 19］号码组合，在第 136 期更早以前选择了［2 23］［8 33］号码组合，在“守”了一定期数后，“终于等到”了上述组合的出现。

第二个问题：为什么选取 16 个号码后，能中出 5 个以上的号码呢？

既然正确的理解应为“在未来的几期内出现而不一定就在下一期出现”，那么为什么按上述方法选取 16 个号码后，仍能中出 5 个以上的号码呢？

我们来看下面的数据。

以现有数据来分析，任意选取 6～20 个号码，能中出 0～6 个号码的大致概率见表 2－14。

表 2－14　复式选取 N 个号命中号码的概率一览表

复式号码个数	组成注数	投入金额（元）	中 6 个号码的概率（%）	中 5 个号码的概率（%）	中 4 个号码的概率（%）	中 3 个号码的概率（%）	中 2 个号码的概率（%）	中 1 个号码的概率（%）	不中的概率（%）
20	38760	77520	3.75	15.08	33.91	30.08	14.06	2.81	0.31
19	27132	54264	3.75	15.08	33.91	30.08	14.06	2.81	0.31
18	18564	37128	2.66	12.58	31.95	32.19	15.78	4.45	0.39
17	12376	24752	1.56	10.23	29.38	32.66	19.14	6.56	0.47
16	8008	16016	1.4	7.3	22.7	36.0	24.1	7.31	1.19
15	5005	10010	0.7	5.9	20.6	35.7	25.3	10.79	1.10

续表

复式号码个数	组成注数	投入金额（元）	中6个号码的概率（%）	中5个号码的概率（%）	中4个号码的概率（%）	中3个号码的概率（%）	中2个号码的概率（%）	中1个号码的概率（%）	不中的概率（%）
14	3003	6006	0.4	4.2	17.2	34.3	29.2	12.40	2.12
13	1716	3432	0.3	3.2	13.9	32.5	31.1	15.72	3.23
12	924	1848	0.3	2.1	10.4	29.8	33.3	20.14	3.99
11	462	924	0.2	1.4	6.9	26.7	35.4	23.62	5.86
10	210	420	0.1	0.9	5.5	21.1	37.9	26.68	7.82
9	84	168	0.0	0.5	3.9	17.3	37.6	30.25	10.37
8	28	56	0.0	0.3	2.4	13.8	34.3	35.09	14.10
7	7	14	0.0	0.2	1.2	9.3	31.2	39.51	18.61
6	1	2	0.0	0.08	0.85	5.44	26.25	42.65	24.72

特别声明：以上为大致概率，只能作参考。这是在假设不使用一些极端号码的情况下，如1~16的连号、18~33的连号等，对众数进行统计的结果，仅供参考，不能以此作为确定的概率衡量投入的大小。笔者对依此进行投入造成的后果不负法律责任。

表2-14的数据说明，当你选择16个号码的复式投注，并且先不考虑运用极值“定位”下期很可能出现的两个号码组合时，就已经有在100期内可能中一次6个号、七次5个号的概率。若考虑已经“定位”的两个号码，则剩下的14个号码中出4个号的可能性增大至100期出17次、中出3个号的可能性增大至100期出34次。那么，合起来就有100期中出6个号和5个号的可能性也就大幅提高到了17次和34次。

所以，如果不用笔者教你的方法，若要中出5个以上红球号码则可以说要凭运气了，而用笔者教你的方法可以让你“知己知彼，胸有成竹”！

为了说明投注的正确态度应该是“守号”，现在我们尝试将案例选取的间隔由10期变为20期，看看极值理论的准确程度如何。

两个红球号码的组合案例四

间隔20期后，选择2011年第96期作为起点，看我们选出的号码在“未来”的第97期～第137期中的中出情况。

第96期，在528种两个号码组合中，共有27种组合离极值的距离小于或等于41期（之所以选择离极值的距离小于或等于41期，是因为从第97期到第137期有41期），见表2－15。

表2－15　2011年第96期时离极值的距离≤41期的组合

序号	组合	现值	极值	距离	在第97期～第137期中是否出现	出现间隔（期）	极值是否有效
1	[1 32]	－103	－105	2	114期出现	18	超过极值后出现
2	[12 14]	－91	－95	4	106期出现、110期出现	10、14	超过极值后出现
3	[6 16]	－118	－123	5	至137期时未出现		超过极值未出现
4	[5 9]	－86	－94	8	至137期时未出现		超过极值未出现
5	[22 23]	－93	－101	8	127期出现	31	超过极值后出现
6	[7 27]	－101	－112	11	116期出现	20	超过极值后出现
7	[3 32]	－95	－107	12	98期出现、125期出现	2、29	有效
8	[8 20]	－132	－149	17	至137期时未出现		超过极值未出现
9	[28 31]	－104	－120	16	至137期时未出现		超过极值未出现
10	[22 27]	－93	－109	16	127期出现	31	超过极值后出现
11	[9 13]	－112	－136	24	至137期时未出现		超过极值未出现
12	[2 27]	－107	－133	26	至137期时未出现		超过极值未出现

续表

序号	组合	现值	极值	距离	在第97期～第137期中是否出现	出现间隔（期）	极值是否有效
13	[20 28]	-121	-153	32	至137期时未出现		超过极值未出现
14	[11 20]	-60	-76	16	118期时出现	22	超过极值后出现
15	[1 33]	-122	-158	36	109期出现	13	有效
16	[15 33]	-78	-102	24	109期出现	13	有效
17	[2 6]	-73	-97	24	134期、136期出现	38、40	超过极值后出现
18	[13 28]	-78	-105	27	至137期时未出现		超过极值未出现
19	[23 26]	-79	-111	32	至137期时未出现		超过极值未出现
20	[16 21]	-74	-104	30	至137期时未出现		超过极值未出现
21	[5 15]	-54	-76	22	103期出现	7	有效
22	[12 29]	-63	-94	31	至137期时未出现		超过极值未出现
23	[5 16]	-68	-105	37	103期、112期出现	7、16	有效
24	[17 28]	-65	-103	38	120期出现	24	有效
25	[20 32]	-51	-84	33	98期出现	2	有效
26	[16 19]	-40	-79	39	127期出现	31	有效
27	[18 30]	-27	-63	36	137期出现	41	超过极值后出现

从表2-15中可以看出，其中：

1. 有11种组合超过极值未出现；

2. 有8种组合超过极值后出现；

3. 有8组数据在接近或等于极值时出现！

我们还可以看到：在两个红球号码组合的案例一～案例四中，有些组合的现值与极值的间隔期虽然较远，比如20期以上，但反而会在后面的某期中出。实际上，当你“守号”达十几期时，这些间隔期较远的组合自然也就变成了间隔期在10期以内的组合了，并没有改变极值运用规则。

我们再来看看复式16个号码的中奖情况：

第一步～第二步 选择极值距离在10期以内的1～5种组合，按升序整理为10个红球号码：1、5、6、9、12、14、16、22、23、32，再加上号码组合［7 27］［3 32］［8 20］［28 31］，9种组合产生了共17个号码：1、3、5、6、7、8、9、12、14、16、20、22、23、27、28、31、32。笔者在此只选16个号码投注，因此要去掉一个号码。考虑各个区间都应有号码的原因，去掉最后一组组合中的28号，留下31号。

第三步 采用复式投注，16个号码全部投注。

第四步 在第97期～第137期中，最高能中出5个红球号，共两次，中奖结果见表2－16。说明：产生16个号码的9种组合，距离最大的是［8 20］，为17期。也就是说，这16个号码至多守号至11112期，之后应该按新的未达到极值的组合重新选取16个号码投注。

表2－16 中奖情况

中奖期号	1位	2位	3位	4位	5位	6位	蓝球	守号期
11098期	3	7	20	21	22	32	5	2期
11111期	1	3	5	20	25	27	4	15期

中出4个红球号码的共17期（这里不再列出）。

如果你选中蓝球，由于是复式投资，每次能中出5＋1：得到三等奖11注、四等奖275注、五等奖1650注、六等奖6072注，奖金合计133860元，赢利117844元。

精明的读者会说：如果每次投入16016元，而又没有命中蓝球，不是亏损很大吗？

没错，因此你仍须仔细将本书后面的章节读完，充分理解，就能在“适当”的时机出手，而不会“盲目”投入。

读者可以看出，笔者选取的这四个案例，均是按最新一期（本书定稿时的最新一期为2011年第137期），按逆序、选取相等的整数间隔期的方式，**随机地**而不是像其他书籍那样刻意地查找，就能找到许多符合规律的情况！这就是“极值”神奇的真实体现！

第三个问题：能直接找到6个红球组合的极值吗？

读者看到这里，如果对以上分析已经能理解透的话，相信一定会产生这样的想法：两个号码的组合就能产生如此高的命中率，直接找6个组合号码的极值不就一步到位了吗?！不用再看3个组合号码、4个组合号码、5个组合号码的极值了。

好的，应读者的强烈要求，我们争分夺秒，直接跳到6个红球组合号码的极值来分析。我们先看表2－17。

表2－17 N个红球组合全部中出的理论时间

组合个数	不重复的组合组数（组）	假设平均每年开奖154期（期）	每期中出N组组合	理论上最少可以全部中出的时间（年）
6个红球组合	1107568	154	1	7192.0
5个红球组合	237336	154	6	256.9
4个红球组合	40920	154	15	17.7
3个红球组合	5456	154	20	1.8
2个红球组合	528		15	0.2

你没想到吧！理论上由6个红球组合成的组合，在完全不重复的情况下需要7192年才能完全中出。只有全部组合都出现后才能至少获得一次该种组合的极值，极值理论才能发生效用。如果出现“偏态”现象，即发生重复现象，比7192年还要多等上更多年！

同样的：

5个红球组合在完全不重复的情况下全部中出需要256.9年！

4个红球组合在完全不重复的情况下全部中出需要17.7年！

3个红球组合在完全不重复的情况下全部中出需要1.8年。但实际上，最晚出现的一个组合是［8 20 31］，从2003年3月23日第001期起到2011年11月27日第139期，间隔了1270期才出现，耗时8.8年，远比1.8年多。

2个红球组合在完全不重复的情况下全部中出理论上只需要2个多月，约36期。实际上，最晚出现的一个组合是［6 22］，从2003年3月23日第001期起到2004年12月13日第114期，间隔了202期才出现，耗时1.9年。

但如果你能反过来想一想，你又会偷着乐了！如果6个红球组合、5个红球组合，甚至4个红球组合的极值都出现了，会有很多人都能命中大奖啊！届时，每注一等奖可分配给每个中奖者的金额将大大缩水。所以，正因为如此，谁能越好、越快地掌握笔者教你的方法，中出的奖金才能越高！不是吗？

通过以上分析，我们已经不需要再分析2个红球以上组合的极值了，因为目前已出各期彩票的数据不足，无法找到有效的2个红球号码以上组合的极值。因此，认真分析、掌握2个红球号码组合的规律才是硬道理！

如果已经“定位”两个号码，再选择 14 个号码。后选的 14 个号码中出 3 个号码的可能性为 100 期出 34 次、中出 4 个号的可能性为 100 期出 17 次。那么合计起来，中出 5 个号码和 6 个号码的可能性也就大幅提高到了 34 次和 17 次。

读者需要细细体会、琢磨，2 个红球号码的组合也一样能让你高效地中出高额奖金！

第四个问题：什么情况下极值会被突破。

作者不是说极值很难被超越的吗？怎么上述案例中有不少极值被突破了呢？

这是因为，由于现有中奖数据的群体个数还不是很充足，在两个号码的组合中，由于偏态现象的存在，组合出现的最多次数为 61 期，最少次数为 18 期。所以，在一些出现较少的组合中，其极值被突破的可能性很大。正如前文举例的看电影的例子，如果你是一个电影迷，那么你看电影的次数自然比别人多，可能过不了多久你就突破了 12 次的极值。但在现实生活中，其他的生活安排使你在几年内都难以突破月内看电影的极值，更不用说达到一个更高的值了，如 20 次。这时，20 次的极值就比 12 次的极值更难突破了。相对于少看电影的人可能极值相对较低，如 4 次、5 次。一旦碰到假期有更多的时间去看电影时，就突破了。

同理，相对于出现次数较少的组合的极值，其极值被突破的可能性要大一些。因此，在选择组合时，要加上一些技巧，如选择极值相对较大的、现值与极值距离较小的组合。例如，极值 -150 的距离为 9 期，比极值 -90 的距离为 5 期的要好些。

两个红球号码组合“极值”理论的运用规则总结:

1. 当某红球组合接近极值时，选入该组合。可以采信“二八法则”，接近极值80%的时候就可以选入。

2. 当某红球组合超过极值时，放弃该组合，选择其他组合。

3. 如果极值相对较小，被超越的可能性就较大（读者仔细看上面案例中极值只有－60～－90被超越的情况），你可以不选它，而改选极值相对较大的组合。

4. 运用极值选号，应坚持“守号”的原则。在财力有限的情况下，避免“急功近利”。

请读者注意：笔者在后面的阐述中，**不赞成**在财力不允许的情况下，采取16个红球号码的复式投注！笔者将在后文中告诉你选号投注方法，以确保在降低成本的同时还能保证中奖率。

第六节　蓝球号码的极值

有经验的彩民应该知道，双色球有一个鲜明的特点：只要能命中一个蓝球号码，一个2元的最低投注，尽管只收获奖金5元，但它的投资回报率已达到1.5倍。世界上能高出这样回报率的投资品种恐怕是寥寥无几。同时，命中蓝球号码也是中出一等奖的必要条件。因此，蓝球的重要性不言而喻。

用极值的方法分析选择蓝球，与分析选择单个红球的方法类似。让我们举例说明。

表2－18为蓝球极值一览表。

表 2-18 蓝球极值一览表

项 目	极 值	备 注	项 目	极值	备 注
蓝球 1 号	-66	即最大不出间隔期	蓝球 9 号	-94	即最大不出间隔期
蓝球 2 号	-81	同上	蓝球 10 号	-60	同上
蓝球 3 号	-67	同上	蓝球 11 号	-64	同上
蓝球 4 号	-112	同上	蓝球 12 号	-84	同上
蓝球 5 号	-104	同上	蓝球 13 号	-84	同上
蓝球 6 号	-89	同上	蓝球 14 号	-70	同上
蓝球 7 号	-90	同上	蓝球 15 号	-83	同上
蓝球 8 号	-71	同上	蓝球 16 号	-68	同上

结论：在所有单个蓝球号码中，极值的最高值是 -112，最低值是 -60，平均值是 -80。

蓝球号码分析案例一

2011 年第 136 期，蓝球不出现的间隔期（遗漏期）在 20 期（含）以上的共有 4 个号，见表 2-19。

表 2-19 2011 年第 136 期蓝球遗漏 20 期以上的号码

蓝球号码	遗漏值	极 值	距离（期）	遗漏/极值（%）
6	-20	-89	69	22
9	-22	-94	72	2
13	-60	-84	24	71
14	-30	-70	40	43

非常明显，应选择13号。果不其然，2011年第137期开出蓝球号码为13。根据“二八法则”，即使13号蓝球在第137期不出，也会在近期出现。

蓝球号码分析案例二

2011年第124期，蓝球不出现的间隔期（遗漏期）在20期（含）以上的共有4个号，见表2－20。

表2－20　2011年第124期蓝球遗漏在20期以上的号码

蓝球号码	遗漏值	极　值	距离（期）	遗漏/极值（%）
6	－24	－89	65	27
8	－70	－71	1	99
11	－23	－64	44	34
13	－22	－84	16	34

同样非常明显，应选择8号。因为8号只有两种可能性；一是在第125或第126期出现，达到最大极值－71；或者重新确立新的极值，此时就进入了无规律期（混沌状态期）。

蓝球号码分析案例三

2011年第60期，蓝球不出现的间隔期（遗漏期）在20期（含）以上的共有4个号，见表2－21。

表 2-21 2011 年第 60 期蓝球遗漏在 20 期以上的号码

蓝球号码	遗漏值	极 值	距离（期）	遗漏/极值（%）
3	-66	-67	1	99
5	-24	-104	80	23
7	-31	-90	59	34
11	-23	-64	44	34
12	-22	-84	36	26

再一次的神奇！选择 3 号。因为 3 号只有两种可能性：一是在第 61 或第 62 期出现，达到最大极值 67；二是重新确立新的极值，此时就进入了无规律期（混沌状态期）。

这样的案例还有很多，读者自己动手，就可以轻易得到验证！

精明的读者应该注意到：

1. 笔者使用的是遗漏极值大于 20 期（含）的蓝球号码进行选择；

2. 在运用极值分析选择蓝球号码时，也要遵循“守号”原则，在接近极值的 80% 时，就应该选择。

3. 如果财力允许，你还可以进行蓝球复式投注，按遗漏/极值的逆序多选几个蓝球号码，命中率也会大增。可以参考案例四。

蓝球号码分析案例四

2011 年第 128 期，蓝球不出现的间隔期（遗漏期）在 20 期（含）以上的共有 4 个号码，见表 2-22。

表 2-22　2011 年第 128 期蓝球遗漏在 20 期以上的号码

蓝球号码	遗漏值	极　值	距离（期）	遗漏/极值（%）
6	-27	-89	62	30
13	-52	-84	32	62
14	-22	-70	48	31

在这个案例中，没有遗漏与极值的比值接近 80% 的，因此较难判断哪个号码会中出。此时，可以选择复式投注，选择 3 个蓝球号码。如果红球只选 6 个号码的话，成本为 6 元。若红球中出两个以下号码，奖金收入 5 元，亏损 1 元，机会成本较小。

第三章 选号实战

选号原则：

1. 出号的概率小于5%时，称为“有效选号概率”，可以确认选号有效；

2. 出号的概率在5% ~50%区间的为混沌区间，即规律不明确区间，亦即“无效选号概率”。此时，不能主观地套用某项规律强行选号。如果由于选择的号码太多使投入的资金超过预算，应该采用随机选号的方法。熟悉电脑操作的读者可以用电脑从备选号码中随机去掉几个号码，也可以采用以下的简易办法决定号码的去留：用一盒七成新的扑克牌（要求每张牌的差异很小，才能达到随机的效果），拿出与备选号码总数一样多的纸牌，在正面用铅笔（橡皮擦去后可以循环使用）分别写上各个号码。然后背面朝上将纸牌洗匀，并任意抽取几张。这几张正面上的号码就是你要去掉的号码，但不要超过3张（按概率计算，如果去掉4个及4个以上的号码，其中可能含有1个下期中奖号码的概率最高可达到30%）。

3. 概率大于50%，为高频规律，此时不但不能减少号码，反而还应该增加备选号码。（具体见本章第二节中“高频规律”的阐述。）

有效选号概率主要有4种，见表3-1。

表 3－1　有效选号概率一览表

序　号	项　目	出现概率（%）
1	重号≥3 个	5
2	同一分区内出≥5 个号码	2.2
3	遗漏在－10 以上的红球号码出≥3 个	2
4	尾数*每期 >6 种或≤3 种	0 或 2.3

*尾数：尾数是 1～33 号码个位的号码的值，共有 10 种尾数：0～9 种。

第一节　中大奖途径及案例分析

中大奖途径

很多预测号码的书均以直接预测 6 个号码为目标，但笔者认为这样做中奖的概率很小，若真能中出，比机选的概率也大不了多少。笔者认为，最有可能预测出二等奖以上的大奖有两种途径：一种是选择较少的号码，采取期期不落、从不间断的守号投注方式；一种是选择较多的号码进行复式或胆拖投注，采取间隔一定期后再连续地投注 5～10 期的守号投注方式。

第一种途径选择 6～8 个不能与历史出期重复 5 个号以上的一组号码，一直不改变地、期期不落地守号投注。有可能当期就中奖，或者一个月后、半年后、一年后中奖，也有可能 2 年、6 年、8 年、10 年后中出一等奖或二等奖。如果你想预测出当期的所有 6 个号码，结果与任选 6 个号码没什么区别。

我们先看 8 个中奖案例，然后再进行分析。

中奖案例

中奖案例一（报道来自搜狐彩票网站）：

双色球2011年惊喜频出　幸运彩民守号8期中千万

2月20日晚，中国福利彩票双色球第2011019期开奖，当期全国共中出三注一等奖。在“523”派彩的措施下，每注除了可在奖池分得500万元封顶奖金外，还可均分当期高等奖金的20%，使单注奖金达到了1000万元。沈阳彩民王先生为我市拿下一金奖，将2元可中1000万变成了现实。这也是沈阳福彩历史上第一个单注奖金达到一千万的巨奖。

守号8期捧回千万大奖

8月25日晚，双色球2011099期开奖，全国中出三注一等奖，单注奖金再次达到1000万元。沈阳彩民张先生再为我市捧回一注千万元大奖。张先生采用的是“7+1”小复式投注，号码是自己编写的，总共守了8期就中得了1000万，真可谓是幸运至极。张先生表示，好心态是中大奖的敲门砖。

（来源：沈阳晚报　单注千万　历史第一人2011年11月11日10：47）

中奖案例二（报道来自搜狐彩票网站）：

赤峰老彩民守号1月　结缘双色球836万元大奖

2011年10月30日，福利彩票双色球游戏第2011127期，也是此次2亿元派奖活动的第5期开奖，赤峰市巴林右旗第15042308号福彩投注站的一位彩民采用自选“6＋5”复式投注的方式，中得1注一等奖和4注二等奖，总计中得奖金836万元！次日一早，这位大奖得主就迫不及待地通过电话向内蒙古福利彩票发行管理中心进行了申报。11月3日，大奖得主周先生在两位亲友的陪同下，冒雨前来兑取了奖金。

玩法:双色球 机号:15042306
5AF1-51B0-A238-09D0-126D 流水号:346
销售期:2011127 A065C 有效期:2011127
销售时间:11-10-30 19:29:14 金额:10元
红单:16 19 22 23 27 29
蓝复:03 05 06 08 11
倍数:1

开奖时间:11-10-30 附加码:92320845
地址:大板镇房产所楼下
双色球125期包头市0439号站中出625万大奖

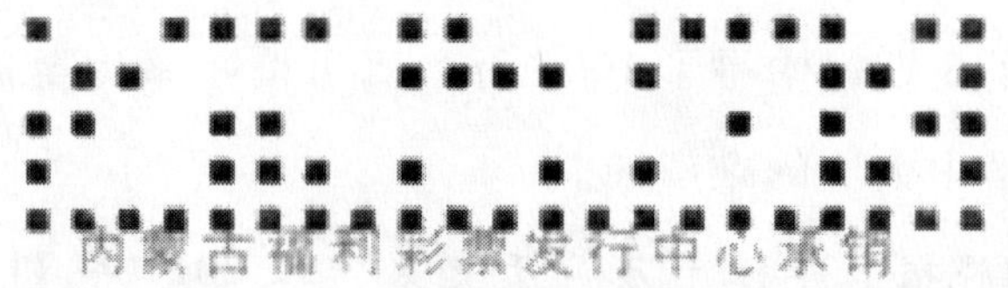

双色球第2011127期836万元中奖票样

在工作人员办理兑奖手续的过程中，周先生将自己8年多的购彩经历娓娓道来。周先生是位忠实的福彩彩民，起初是在朋友的带动下开始购买彩票的。他清晰地记得，当时初次接触的是“32选7”电脑型福利彩票，后来双色球上市了，就被这款游戏所吸引，并一直坚持投注。

就在一个月前的一期开奖中，周先生机选了1注号码，虽然当期没有中奖，但看着这注号码特别有感觉，所以，此后只要去买彩票，他就将这注号码打出，蓝色球号码略作改动。没想到，这种既省时又省力的投注方法，就在一个月后，守候到了一份超值的幸运和惊喜……

（来源：搜狐体育2011年11月7日10：23）

中奖案例三（报道来自搜狐彩票网站）：

深圳983万元中奖者神速现身　中奖号已追20多期

2012年1月17日，双色球第2012008期开奖，深圳彩民喜中1注一等奖，单注奖金9838366元。

中奖次日，中奖者张先生来到深圳福彩中心兑奖。张先生喜滋滋地告诉记者，他早上准备到投注站买彩票，看见店里写着上一期的中奖号码，觉得和自己上期买的号码很相似，于是就掏出彩票核对，果然中了大奖。于是，张先生下午就赶过来兑奖了。

张先生说，他买彩票没有什么特别的技巧，真的是凭运气。他玩彩票20多年了，每次买的不多，一般只买10块钱，最多的时候也就二三十元。这次的中奖号码是自选的，连续追了20多期。

（来源：人民网2012年1月21日15：01）

中奖案例四（报道来自搜狐彩票网站）：

东方1488万元大奖得主现身　独家揭秘中奖“秘籍”

（南海网记者孙令正摄）

2011年11月7日下午3点多，海南省东方市第2011129期两注一等奖1488万元得主秦先生到海口市青年路105号省福彩中心兑领奖金。

据介绍，秦先生是地道的海南人，40岁左右，兑奖时的装扮显得很随意。当天，秦先生是和家人亲戚一起从东方市特意赶到海口来兑奖的。

据介绍，秦先生是个很“老”的双色球彩迷了，他说他也记不得购买双色球彩票的历史有多少年了，只记得从双色球彩票刚

玩法:双色球　　机号:46090032
8910-1332-294C-301F-2A54　　流水号:69
销售期:2011129　　D4ACE　　有效期:2011129
销售时间:11-11-03 09:43:58 金额:20元
A. 9 13 16 19 29 31-13 (2)
B. 7 10 11 21 23 26- 6 (2)
C. 5 9 12 15 18 30- 7 (2)
D. 6 7 16 23 30 33- 7 (2)
E. 4 16 22 24 26 31- 6 (2)
开奖时间:11-11-03　　附加码:38160414
地址:东方市建设路口大世界报刊亭
奖池余额:361081322.00元,128期开奖号码:192
314091117-12

中奖彩票

在海南上市销售时就开始购买了。由于多年购买双色球彩票，使他对双色球彩票有比较深刻的了解，每天都看报纸关注双色球彩票的信息，目前正在进行的 2 亿元派奖活动他也清楚，知道自己因此多中了 125 万元。对于自己成为 2011 年海南首个派奖活动的受益者，他感到很高兴。

秦先生在介绍本次中奖的秘诀时透露，他是跟号中得这次千万元大奖的。他说他购买双色球彩票跟别人不一样，一般是机选 5 注号码，然后用这 5 注号码进行跟号。如果这 5 注号码跟了 3 个月没中或者弄丢了的话，就重新机选 5 注，然后再进行跟号投注，如此轮换，不像其他人那样对几注号码一跟到底。这次中奖的号码就是他机选后跟了两个多月后才中奖的。秦先生说，他一般都是采取两倍投注的方法，每期花在购买双色球彩票的钱在 20 ~ 40 元之间，最高的一次也不超过 40 元。他说，购买双色球彩票首先以不影响自己的生活为先决条件。

据介绍，秦先生上班的地方就离他本次中大奖的福彩投注站不远，这为他购买双色球彩票提供了便利。中奖的第二天，该家投注站贴出中奖喜报后，秦先生也过去凑热闹。当他看到该家站点中出两注一等奖后，就心想自己一般都是购买两倍，很可能就是自己中的，于是偷偷对奖后，发现正是自己中得的。虽然知道自己中得大奖了，但是秦先生并不急于离开，而是在附近找了家"老爸茶店"在那喝茶，看人们对大奖的反应，听听别人对大奖的议论和猜测，还为别人猜得不准而暗自感到得意和好笑。秦先生说，该注千万大奖在东方市中出后，对当地的彩民触动很大，许多人都表示以后要购买双色球彩票了。

秦先生说，当时知道中奖后感到很开心，但是也不觉得特别激动。他说，如果是特别激动的话，实际上他当时一知道自己中得大奖后可以马上就到海口来兑奖了，可是他没有，而且当天他还到外地去出差了，直到星期一才叫上家人和亲戚一起过来兑奖。

对于如何处理这么大的一笔奖金，秦先生还没有想好，他说等心情平静下来之后再作打算。他还表示，会和家人商量后再亲自去做些善事。

当天，还有一位双色球二等奖得主也现身兑奖。该注二等奖是和秦先生 1488 万元在同一期中出的，只是因一个蓝球之差只中得二等奖奖金 18 万元。该注二等奖是在海口长流中出的，得主是位外省人，50 岁左右。相对于秦先生兑奖时的淡定从容，这位 18 万元的得主在兑奖时却表现得很激动，笑得合不拢嘴，写字时手还在微微颤抖。听这位二等奖得主介绍完中奖经历后才得知，他比秦先生购彩"痴情"得多，他是以家人的生日号组成 2 注号码每期进行跟号投注，一直到这次中奖共跟了两年多，号码从来没变过！

（来源：南海网作者：孙令正　2011 年 11 月 8 日 10：12）

中奖案例五（报道来自搜狐彩票网站）：

商人守号两年终中 1992 万　捐 20 万支持福利院建设

12 月 12 日，创造云浮彩票中奖奖金最高纪录的双色球 1992 万元大奖得主傅先生（化名）前来福彩中心办理了领奖手续。他当即决定，分别向云浮市福利院、新兴县社会福利院各捐赠 10 万元，合计 20 万元，用于支持市福利院的建设，用实际行动向福利院的孤残儿童表达自己的一份爱心，并委托市福彩中心代为办理相关捐赠手续。

据了解，傅先生的中奖彩票由云浮市新兴县44210409号投注站售出，是一张3注号码3倍的单式彩票，投注额18元，在第11134期双色球中得3注头奖，共获奖金1992万多元。根据单注彩票中奖1万元以上时需缴纳20%个人偶然所得税的规定，傅先生需缴纳3985032.60元税款，税后奖金为15940130.40元。目前，云浮市的税票最大额为万元，因此，为其办理代缴代扣个人偶然所得税时，足足开了41张税票。

经营着生意的傅先生风度优雅，谈笑淡定，笑称自己是福利彩票的铁杆彩民，无论到哪个地方，每期都坚持买，买上10元到几十元权当消遣。中奖固然开心，不中就是在为社会福利事业奉献爱心。这次中奖的彩票号码为其本人自选，从两年前开始购买，守号两年终于获得大奖。

（来源：金羊网－新快报　2011年12月16日11：31）

中奖案例六（报道来自搜狐彩票网站）：

广东彩民守“错号”　3年中665万　期待能多陪家人

是你的终究是你的，老天爷拐个弯也会“砸”中你。东莞彩民龙先生（化名）就被一笔从天而降的大奖“砸”中了。他守双色球10注号码整整8年。3年前，投注站销售员打错了其中一个蓝球号，龙先生将错就错。3年后，这一注打错了的号码终于开花结果，龙先生收获了665万元大奖。

8年前，龙先生机选了10注号码，8年来，龙先生紧守该号，每期必买，风雨无阻。3年前的一天，龙先生前往投注站买彩票，工作人员不小心将其中一注的蓝球“08”打成了“07”，当时龙先生浑然不觉。后来有一期双色球蓝球开“08”，龙先生跑去兑奖，却发现自己有的10注号码中没有蓝球“08”，而有两个“07”。“错了就错了吧，这种东西强求不得。”龙先生说道。

上周四，龙先生照例花了20块钱买了这10注号码。第二天上午，他用手机查询开奖信息，意外地发现自己博中了一注一等奖，奖金高达665万元。而中奖号码正是3年前投注站工作人员把蓝球号打错为“07”的那一注。

（来源：南海网－南国都市报　2011年11月16日12：40）

中奖案例七（报道来自搜狐彩票网站）：

昆山彩民坚持守号达6年　抱得双色球744万元大奖

2011年11月3日，双色球第2011129期全国开出8注一等奖，单注奖额为744万元，这8注一等奖被海南、上海、江苏、江西、广东等7个省份的彩民朋友揽获，其中海南中出的两注一等奖为一人所中，揽获总奖金1488多万元。江苏1注被苏州昆山彩民幸运中得，中奖彩票售出于苏州昆山市玉山镇海峰路报亭32055832号投注站，出票时间为11月3日11点16分49秒，是一张手选5注10元单式票。在这5注号码当中，第3注中得当期双色球744万元，这也是我省彩民在今年中得的第56注一等奖。11月7日，昆山的大奖得主严先生在家人的陪同下来到了省福彩中心兑奖大厅办理兑奖手续。

严先生6年前就是福彩双色球的“粉丝”，那时工作比较忙，没有太多的时间选号，于是就根据开奖号码走势写了5注号码，从此之后每期都进行投注，一直坚持守号，从没有变过。领奖时，严先生很努力地回忆起当初这5注号码的来历：“当初很多同事都在买彩票，我就跟风购买。当初选择这些号码就是因为它们都是‘冷号’，然后把它们重新组合了一下就开始守号，为此还有很多同事笑话我‘死脑筋’，但我还是选择了坚持，自始至终都是抱着这样的想法：只要参与就有机会中奖，若不中奖，就当是为福利事业作贡献。”

（来源：现代快报 2011年11月12日11：59）

中奖案例八（报道来自搜狐彩票网站）：

抱号8年守来895万巨金 收获大奖后急为妻子治病

选定一注纪念号码，8年来坚持每期购买，终于抱得大奖归！近日，岛城彩友张先生现身市福彩中心，申报了“双色球”第2011144期895余万元金奖，这笔奖金将帮助他实现以前没有能力实现的诸多梦想。

一注纪念号抱守8年

彩友张先生是福彩的铁杆粉丝，自“30选7”登陆岛城起，他便开始参与购买。大盘玩法“双色球”在岛城面世后，他又把重心转到这种玩法上来。从第一次购买“双色球”起，张先生便将自己觉得是生命中最重要、最幸运的日子的数字挑选出来，组成一注号码，期期不落地投注。虽然每次他还购买其他号码，但这注纪念号却从不改动，他坚信这组号码定能给他带来好运。

2011年12月8日是“双色球”第2011144期开奖的日子，张先生路过崂山区福彩37020613投注站时，抬脚就走进了站内。看看走势后，张先生选出4注号码，加上之前抱守的纪念号一起递给了销售人员。当时他看奖池高达6亿元以上，又在派奖活动中，本想再追打一倍，可身上的零钱不够了，只好作罢。

反复核对确信中奖

三天后又是“双色球”开奖的日子，张先生路过另一家投注站时准备把当晚开奖的“双色球”和第二天开奖的“七乐彩”一起买出来。当他习惯性地看走势图时，一下子愣住了，因为前一期“双色球”开奖的号码他感觉特别眼熟。“没错，正是自己选出的那注纪念号，红球、蓝球一个号都不差！”他赶紧找出之前的彩票核对，一个号一个号地核对了好几遍，发现自己的确中了大奖。

等了8年终于等到大奖，张先生拿着彩票激动地回到家。不过他还是不太敢相信自己中了大奖，再次返回投注站，试探性地问销售人员：“听说上期青岛出了个大奖？”得到肯定的答复后，他还不放心，又问“是哪个站出的啊？”“崂山王哥庄！”听到这里，他才确信895万余元的金奖是被自己揽入怀中的，至此一颗悬着的心终于落了地，随后他从容地购买了下一期的彩票。

（青岛新闻网－青岛早报　2011年12月16日11：19）

案例分析

案例一：一注自选“7＋1”的小复式投注，守号8期，中奖金额1000万元。

案例二：一注自选“6＋5”复式投注，守号1个月，中1注一等奖和4注二等奖，奖金额总计836万元。

案例三：一注自选单式投注，守号20多期近两个月，中奖金额9838366元。

案例四：机选5注号码2倍的单式投注，守号两个多月，一注中奖，中奖金额达1488万元。

案例五：自选3注号码3倍的单式投注，守号两年，一注中奖，中奖金额1992万元。

案例六：机选10注号码单式投注，守号3年，一注中奖，中奖金额665万。

案例七：自选5注号码单式投注，守号6年，一注中奖，中奖金额金744万元。

案例八：生命中最重要、最幸运日子的数字挑选出来，组成一注号码，守号8年，中奖金额895万元。

上面的中奖案例中，既有守号8期就中奖的，也有守号8年才中奖的。为什么会出现这种情况呢？

这是因为：在混沌系统中，所有规律，如和值、奇偶搭配、质合搭配、三区间分布、连号、重号以及间距和、AC值、散度、偏度、冷热号、遗漏、五行等，都会对当期即将开出的号码产生不同的作用力，但由于初始条件的不同，其产生的作用力大小亦不同。比如，按重号规律，当期应该出两个重号，但由于有号码遗漏了多期未出现，并接近极值，遗漏规律的作用力大过了重号的作用力，结果最终只产生了一个重号，由一个遗漏了多期的号码顶替了另一个很有可能出现的重号。

各种规律产生的作用力的大小，都是由各种规律的初始值决定的。比如，上述重号的初始值是2003年第002期，第002期与第001期的重复号码只有1个（26号），这就是重号的“鼻祖”——初始值，接着开始发展到004期有2个重号，005期有1个重号……慢慢地就有了这样的规律：出现了1个重号的合计共有多少期，平均间隔多少期会出现1个重号；出现2个重号的合计共有多少期，平均间隔多少期会出现2个重号；3个重号的合计共有多少期，平均间隔多少期会出现3个重号；至今最多出现过4个重号的规律。

对于重号，第002期是初始值，但对遗漏的初始值来说却是第001期。除第001期出的6个红球号码的遗漏值为零外，剩余27个号码的遗漏则为-1。就好像33颗不同的种子，开始走上截然不同的发展历程，长成的树形结构也大相径庭。到了2011年第148期时，到底是重号的作用力大，还是遗漏的作用力大呢？

这还没考虑其他规律的作用力，光这两项规律的作用力孰大孰小，恐怕也需要用到前文提到的那台超级计算机才能计算出来。因此，如果对彩票预测的前提假设（在科学研究中，判别结论是否具备科学性的必要条件，就是看它是否明确了假设条件，任何没有进行合理设定条件的研究或结论，都是“伪科学”。有效的假设，是科学研究的前提，也是现代科学尤其是人文社会科学走向“科学”的基本标志）是建立在完全预测出全部6个码上，笔者认为是不科学、不严谨的！在上述的中奖案例中，由于用于投注的号码不多（最多的是“7+1”的红球复式），因此笔者认为能在一年以内中出的“运气”大于“技术”，而守号一年以上的，则是“技术”大于“运气”！

第二节 “1+5”选号法

“1+5”选号投注方法，是指1项主规律结合5项高频规律（为辅）进行选号的方法。即通过胆拖和复式的方法，将1项规律作为主规律，结合其他5项高频规律，选出1~4个号码（不再考虑其他号码是否符合什么规律），采取间隔一定的连续投注5~10期的守号方式的投注方式。通过增加投注号码来提高中奖概率，当然是选择的号码越多，近期内中奖的概率也就越大。

具体方法如下：

一项主规律

以两个号码组合的极值规律作为主规律，由我们所举的看电影的例子可知，符合规律的现象出现的频率越高的规律，其极值的置信度越高，即越可靠、越难以超越、接近时出现的概率越大。虽然重号、分区形态、龙头、凤尾、遗漏这5项规律出现的频度均超过了两个号码组合的极值规律——两个号码组合的极值规律的遗漏频率（遗漏频率见2中的解释）是“-35.2”，即平均间隔35期左右才会有符合规律的现象出现——为什么仍选择它作为主规律呢？这是因为：

一方面两个号码组合的极值规律是目前双色球已出所有期数中唯一一个具有统计意义、可描述两个或以上号码“同步性”特征的规律。诚然，随着时间的推移，假以时日，当三个号码组合的极值规律具有了统计意义时，当然会比两个号码的极值规律优越得多。届时，必然把主规律定为三个号码组合的极值规律。

另一方面，如果未对号码进行定位，33 中选 6 的中奖概率为 1172 万分之一；定位 1 个号码，再从 32 中选 5 的中奖概率为三百二十二万分之一；定位 2 个号码，再从 31 中选 4 的中奖概率约为五十万分之一；定位 3 个号码，再从 30 中选 3 的中奖概率约为六万分之一。定位号码越多，中奖概率越大。

五项高频规律

我们采用算术平均数的方法来届定规律频率的大小，公式为：

规律频率 = －样本总数/符合规律现象出现的次数

如果样本总数选择了现有全部彩票中奖期数共 1269 期，那么公式表达为：规律频率 = －1269/符合规律现象出现的次数。

如果要考察 10 期的情况，那么公式表达为：规律频率 = －10/符合规律现象出现的次数。

之所以以负数来表达，是突出其“平均间隔多少期出现一次符合规律”的特性。还有其他高频规律，如两个号码的连号规律、奇偶规律等，但笔者按照配合极值规律的优劣程序，只选出了 5 项高频规律，见表 3－2。

表 3－2　五项高频规律一览表

项目	选号范围	规律频率(平均值)	出现概率(%)	说　明
重号	6	－1.3	72	重号是指下期重复上期号码出现的次数
分区形态	27	－1.2	80	分区:将 33 个号码分为三个区,1～11 为一区,12～22 为二区,23～33 为三区 用由 3 个数字组成的字符串来表达该期“分区形态”。如 2011 年第 137 期出奖号码为红球 2、11、18、23、30、33,其“分区形态”表达式为 213,表示一区出奖号码为 2 个(2、11);二区出奖号码为 1 个(18);三区出奖号码为 3 个(23、30、33) 各区均有号码的分区形态共有 10 种,按出现次数由多到少分别为:222、123、132、312、213、321、231、411、141、114。这 10 组“分区形态”出现的次数占 1269 期的 80%
龙头	28	－1.3	60	龙头:6 个红球号码按由小到大排列,排在第一位即最小的号码为龙头号 根据统计,龙头号码为 1～4 的占 1269 期的 60%
凤尾	28	－1.3	56	凤尾:6 个红球号码按由小到大排列,排在第六位即最大的号码为凤尾号 根据统计,凤尾号码为 30～33 的占 1269 期的 56%
遗漏	33	－1.6	59	每个红球号码的遗漏值在－10 期(含)以上时,会出现的规律

注意以下事项：

1. 以上内容均指红球号码的规律。蓝球的选择依照蓝球遗漏极值规律，选择遗漏大且接近遗漏极值的号码。

2. 这里读者先作初步了解。尽管很多同类的书籍均涉及上述方法，但笔者将在后文中举例说明表 3－2 中五种规律的使用技巧。

3. 本书提供的数据或结论均进行了复杂的数理分析，一方面希望读者能记住这些数据，另一方面也希望有基础的读者对这些数据进行验证并改正，使笔者获得进步。为方便读者阅读，复杂的数理分析过程均省略了，并用“（已进行数理分析）”标注出来，希望读者注重这些数据或结论。

从表 3－2 可以看出，上述 5 种规律平均间隔不到两期就会出现了，因此，笔者将规律频率值在－2（含）以内的规律界定为高频规律。比如，观察第 11128 期～第 11137 期共 10 期的规律：

重号——每期出现重号的个数为 2、2、2、2、2、2、1、0、1、1，有一期没有出现，即 10 期中出现重号的次数为 9 次，规律频率＝－10/9＝－1.1；

分区形态——10 期的分区形态分别为 231、312、123、321、222、042、402、042、321、213，只有 042、402、042 三期不符合其余七期符合，因此规律频率＝－10/7＝－1.4；

龙头——10 期的龙头号分别为 9、7、7、2、2、12、1、12、2、2，有 5 期符合，因此规律频率＝－10/5＝－2.0；

凤尾——10 期的凤尾号分别为 23、26、32、25、33、31、31、26、31、33 号，有 6 期符合，因此规律频率＝－10/6＝－1.67；

遗漏——10 期中出现遗漏在－10（含）以上的号码的期分别为

129 期、131 期、132 期、134 期、136 期，有 5 期符合，因此规律频率 = -10/5 = -2.0。

4. 规律的合力。这 5 项规律产生的作用力的合力，将成为 6 个红球号码组合出现的主要决定因素。既有可能 5 项规律全部符合，也有可能只符合部分规律。

高频规律的合力情况见表 3-3。

表 3-3

期号	重号	分区形态	龙头	凤尾	遗漏	合计
11128	√	√	×	×	×	2
11129	√	√	×	√	√	4
11130	√	√	√	×	×	3
11131	√	√	√	√	√	5
11132	√	√	×	√	×	3
11133	√	×	√	√	×	3
11134	√	×	√	√	√	4
11135	×	×	√	×	√	2
11136	√	√	√	√	√	5
11137	√	√	√	√	×	4

我们对全部 1269 期每一期的 6 个号码进行统计分析，符合规律的情况见表 3-4。

表 3-4

当期符合规律项合计	5	4	3	2	1	0
占 1269 期的比率（%）	13.2	30.5	32.5	19.2	4.2	0.4

由于是高频规律，只出 1 项的规律占比为 4.2%，一项不出的只

有5期，可以忽略不计，具体见表3－5。

表3－5

期号	红球1粒	红球2粒	红球3粒	红球4粒	红球5粒	红球6粒	蓝球
3038	5	7	8	24	25	27	16
11003	13	14	21	22	23	27	4
11014	5	7	10	11	23	26	16
11118	5	6	11	14	20	21	10
11135	12	13	17	20	25	26	12

在重号、分区形态、龙头、凤尾、遗漏5项高频规律中，当期中奖号码同时符合3~5项规律的占比高达76.2%。因此，在缩号分析时，至少选择同时符合3项规律的号码。

被“高估”的重号和斜连号现象

在下一期开出的中奖号码里，出现重号现象的概率高达72%，出现斜连号的概率高达86%，因此很多人非常重视这两种现象，并把重号和斜连号作为备选号码，以力求选出全部或部分下期可能出现的中奖号码。但笔者认为这是高估了它们的作用。

什么是重号和斜连号？

重号是指与上一期中奖号码重复的号码。斜连号是指与上一期中奖号码相连的号。

比如，2011年第136期中奖号为2、4、6、20、22、31，那么在分析第137期时这6个号码即是下一期重号的备选号。

斜连号的备选号共有10个，即1、3、5、7、8、19、21、23、

30、32 号。最多的斜连号备选个数为 12 个。根据重号发生的概率为 72% 和斜连号发生的概率为 86%，下一期第 137 期中，有 1 个以上重号和 1 个以上斜连号出现为大概率事件。第 137 期中出的号码为 2、11、18、23、30、33，出现了一个重号 2 号和两个斜连号 23 号、30 号。

从彩号分布的几何图形上看，发生重号现象的号码呈现纵向的垂直分布，发生斜连号现象的号码呈现自左下角向右上角（左斜连）或左上角向右下角（右斜连）的斜线分布。例如，在第 136 期中，1、3、5、19、21、30 号为左斜连号，3、5、7、21、23、32 号为右斜连号。

但为了观察重号和斜连号之间的差异，当一个号码即是斜连号又是重号时，只计为重号，斜连号不再重复计算个数。例如，2011 年第 135 期中奖号为 12、13、17、20、25、26 号，那么在预测第 136 期时本来应该有 12 个斜连号，即 11、12、13、14、16、18、19、21、24、25、26、27，但是由于 12、13、25、26 号同时为重号，因此斜连号内不再计算这 4 个重号，只计算其他 8 个号。在已有的历史数据中，下一期重号命中的号码最多为 4 个，一共发生过 6 次，分别为 2005 年第 71 期、2005 年第 74 期、2005 年第 105 期、2006 年第 154 期、2009 年第 136 期和 2010 年第 142 期；下一期斜连号命中的号码最多为 4 个，一共发生过 41 次。

为什么会出现重号和斜连号现象？

很多从事彩票分析研究的人只观察到了这一现象，但并不知道其中的原因。实际上，从概率的角度来分析，就会知道它们发生的机理，同时也证明了这两项规律的作用其实是“被高估”了。

在前面我们列出了任意选取6~20个号码能在下一期命中多少个号的概率（见表3-6），因为重号和斜连号最多能提供18个备选号码，在此我们只选取6~18个号码的情况来分析。

从表3-6中可以看出，任意选取6个号码，在下一期时一个号码都不中的概率只有24.72%。任意选取6个号码的所有组合中当然也包含了前面选出的以本期所开出的6个号码为重号的备选号组合。因此，这和你在纸上任意选取6个号码的效果并没有区别，具有相等的概率。因此，本期所开出的6个号码与下一期的号码有可能重复1个号码以上的概率高达约75%，反之亦然。

同理，斜连号的12个号码，与任意选取12个号码具有相等的概率。由表3-6可知，在下一期时一个号码都不中的概率只有3.99%。因此，12个斜连号与下一期号码有可能重复1个号码以上的概率就高达约96%。

你可以做一个试验：选取在重号和斜连号以外的任意的其他号码组合成6个或12个号码组合，大致不超过4期，必定至少有1个号与下一期的中奖号码重复。

以上分析可得出，实际上重号和斜连号只是任意选取N个号组合中的一种组合形式而已，没有特别之处，也并不具备特殊的“价值”。因此，它们的作用是被高估的。但为什么笔者仍然选取重号规律作为辅规律呢？这是因为重号的备选号只有6个，6个中选出1~2个号码的难度相对较小，因此重号规律是可以利用的。

表 3－6　复式投注成本及中奖概率统计表

复式号码个数	组成注数	投入金额（元）	中 6 个号码的概率（%）	中 5 个号码的概率（%）	中 4 个号码的概率（%）	中 3 个号码的概率（%）	中 2 个号码的概率（%）	中 1 个号码的概率（%）	不中的概率（%）
18	18564	37128	2.66	12.58	31.95	32.19	15.78	4.45	0.39
17	12376	24752	1.56	10.23	29.38	32.66	19.14	6.56	0.47
16	8008	16016	1.4	7.3	22.7	36.0	24.1	7.31	1.19
15	5005	10010	0.7	5.9	20.6	35.7	25.3	10.79	1.10
14	3003	6006	0.4	4.2	17.2	34.3	29.2	12.40	2.12
13	1716	3432	0.3	3.2	13.9	32.5	31.1	15.72	3.23
12	924	1848	0.3	2.1	10.4	29.8	33.3	20.14	3.99
11	462	924	0.2	1.4	6.9	26.7	35.4	23.62	5.86
10	210	420	0.1	0.9	5.5	21.1	37.9	26.68	7.82
9	84	168	0.0	0.5	3.9	17.3	37.6	30.25	10.37
8	28	56	0.0	0.3	2.4	13.8	34.3	35.09	14.10
7	7	14	0.0	0.2	1.2	9.3	31.2	39.51	18.61
6	1	2	0.0	0.08	0.85	5.44	26.25	42.65	24.72

第三节 投注技巧

复式投注与胆拖投注

熟悉双色球玩法的读者都知道，极值最适合的两种投注方法是复式投注和胆拖投注。这两种方法大家一定都很熟悉，在此简略地作一下名词解释，以方便新手阅读。

1. 复式投注

（1）红色球号码复式。从红色球号码中选择 7 ~ 20 个号码，从蓝色球号码中选择 1 个号码，组合成多注投注号码的投注。

（2）蓝色球号码复式。从红色球号码中选择 6 个号码，从蓝色球号码中选择 2 ~ 16 个号码，组合成多注投注号码的投注。

（3）全复式。从红色球号码中选择 7 – 20 个号码，从蓝色球号码中选择 2 ~ 16 个号码，即红球和蓝球同时进行复式投注。

2. 胆拖投注

先选定 1 ~ 5 个号码为“胆码”，再选定 2 ~ 19 个号码为“拖码”，“胆码”与“拖码”的个数加起来要大于等于 7 个、小于等于 20 个的投注方式。作为“胆码”的号码和作为“拖码”的号码不能重复。中奖条件是：胆一定要中，才能和拖中的号码加总一起计算其中出几个号码。

胆拖投注与复式投注的区别

两种投注方式的分水岭在于投注金额和中奖回报，区别很大。从投注金额来看，胆拖投注金额相对较少，占据一定优势。从中奖资金回报来看，胆拖投注风险相对较高。在胆拖投注中，“胆”起着决定作用，如果“胆”没有选对，奖金将成倍减少。

复式投注方式相对成本较高，对比投入金额相当的胆拖投注方式而言，中奖概率也会提高（因为胆拖投注必须是胆的号码要命中，即使拖号全部命中，如果胆没有命中也不能中出一等奖或二等奖）。

笔者在书中多次表达，反对在自身财力不允许的情况下，采用红球16个复式1个蓝球的投注方式进行投注，因为成本很高，每次需要投入16016元；甚至采用红球20个复式1个蓝球的投注方式投注，成本非常高，每次需要投入77520元（本书将购买成本较大的投注称为大复式或大胆拖，将购买成本较小的投注称为小复式或小胆拖，下同）。如果加上蓝球复式16个号码，每次需要投入1240320元。大复式投入运用得不合理，甚至会有很多不和谐的情况出现。这也就是笔者为什么只用16个号码，而没有用20个红球复式的投注方式来试验和分析讲解的原因。

但是，复式20个号码的投注方式又是中奖概率最高的，见表3－7。

表 3 – 7

复式号码个数	组成注数	投入金额（元）	中6个号码的概率（%）	中5个号码的概率（%）	中4个号码的概率（%）	中3个号码的概率（%）	中2个号码的概率（%）	中1个号码的概率（%）	一个号码不中概率（%）
20	38760	77520	3.75	15.08	33.91	30.08	14.06	2.81	0.31
			⋮		⋮		⋮		
6	1	2	0.0	0.08	0.85	5.44	26.25	42.65	24.72

表 3 –7 也表明，任意选出 20 个号码，能在下期中出 4 个（含）以上号码的概率为 52%。如果某类分析总共列出 20 个备选号码，并标榜准确命中了 4 个、5 个甚至 6 个号码，你认为可信度有多高呢？读者可以根据表 4 –7 中的数据自行甄别。

投入少、中奖率高的投注方法

如何解决在不影响中奖率的情况下，大幅减少投注成本这一难题，这也是本书对你最有价值的内容！

我们必须按以下步骤实施：

第一步 先用随书赠送光盘中的“分析下期号码”的程序计算出若干组两个红球号码的组合，精心选择一组号码作为“骨架”。

第二步 有了“骨架”，接着就让它“有血有肉”。

根据以下概率：

（1）三个分区全部有号码出现的概率为 80.3%。

（2）只有一个分区不出（为空），其他两个分区都有号码出现的概率为 19.7%；有两个分区不出（为空）的只出现过两次，可以不考虑这种情况。

(3) 有一个区出3个号码的概率为62%，平均约3期就会出现这种情况。

可以看出，分成三个区，每个分区均选择一定的号码。这样进行缩号优化是科学的、合理的，也具有数学所说的平衡美。所以，分区的原则是兼顾各区都有1~3个号码或者1~4个号码。

第三步 选择“守号”的长期投资策略。

为方便以下的分析，笔者将投资彩票的人群按照一定的标准分成专业投资者、高投资者、中投资者、低投资者四种，见表3-8。

表3-8

月收入（元）	每次投入彩票的金额（元）	分类结果	相应推荐的投注方式
3000以下	2~10	低投资者	“6红+1蓝”，长期守号
6000	60~100	中投资者	“8红+1蓝”复式 “红胆2+红拖8+1蓝”胆拖投注
8000	100~300	高投资者	“9红+1蓝”复式 “红胆2+红拖9+1蓝”胆拖投注
15000及以上	500以上	专业投资者	10红以上的复式红或蓝复式 “红胆2+红拖11”以上胆拖投注

特别声明：“每次投入彩票的金额”是根据每个人的经济状况而定的，必须是在扣除生活成本和其他必需的开支后的合理金额。

两种“守号”策略

1. “9红+1蓝”小复式投注或“红胆2+红拖7+1蓝”小胆拖投注

之所以采用的红球胆码为2个号码，是因为以两个号码组合的极值为主规律，即选取最有可能开出的两个号码组合作为胆号码。但当备选号码较多，采用2个红球胆的方式投入成本仍较高时，可以采用红球胆为3个号码的胆拖投注方式。见表3－9、表3－10。

表3－9 “红胆2+1蓝”胆拖投注成本

胆为2个红球	组成注数	投入金额（元）
拖18个红球	3060	6120
拖17个红球	2380	4760
拖16个红球	1820	3640
拖15个红球	1365	2730
拖14个红球	1001	2002
拖13个红球	715	1430
拖12个红球	495	990
拖11个红球	330	660
拖10个红球	210	420
拖9个红球	126	252
拖8个红球	70	140
拖7个红球	35	70
拖6个红球	15	30
拖5个红球	5	10

表 3－10 “红胆 3＋1 蓝”胆拖投注成本

胆为 3 个红球	组成注数	投入金额（元）
拖 17 个红球	680	1360
拖 16 个红球	560	1120
拖 15 个红球	455	910
拖 14 个红球	364	728
拖 13 个红球	286	572
拖 12 个红球	220	440
拖 11 个红球	165	330
拖 10 个红球	120	240
拖 9 个红球	84	168
拖 8 个红球	56	112
拖 7 个红球	35	70
拖 6 个红球	20	40
拖 5 个红球	10	20
拖 4 个红球	4	8

适合人群：每次投入 100～300 元的高投入者。

具体投注技巧：

（1）根据有一个分区出 3 个号码的概率为 62%，平均约 3 期就会出现的原则，各区平均各选 3～4 个红球号码。

（2）运用两个号码组合的极值方法来选择号码，等于在 9 个号码中锁定了 2 个号码，用剩余的 7 个号码来“守号”。我们已知，7 个号码中出 2 个号码的概率为 31%，中出 3 个号码的概率为 9%。这样，可中出“4＋1”四等奖 200 元或“5＋1”三等奖 3000 元，这样的投资回报率已经是很高了。

（3）选择遗漏值较大的 1～2 个号码，接近极值的更要坚定选入，直到突破极值后没有出现，方可更换投注号码。如果当期各种现象都远离极值，可以等若干期后，有符合极值规律的可选号码时，再采取守号的方式连续投注几期。

2. “6红+1蓝”长期守号投注

笔者在第一章中就已经表明了一条**必须坚守的投资原则：大奖是守出来的！不要轻易更换你的投注号码！**因此，尽管“6红+1蓝”的投注策略投入少，中奖概率也较小，但笔者仍建议一组号码最好守两个月，直至情况确实发生了很大的改变为止。比如，已超过了极值仍未出现的情况若发生，甚至只需更改1~3个号码而不需要更改所有的号码，还是有可能让你中出大奖的。

选择单式投注，可用随书光盘菜单中的“实验二”查看你选的6个号码是否与已经开出的历史中奖期的6个号码完全重复。若有重复，则更换1~2个号码，直到重复号码在4个（含4个）以内为止。

其他投注技巧可以参照上文所述进行分析。

采用极值理论预测中奖号码，守号≠期期购买。

采用极值理论选择中奖号码，可以不用期期不落地购买，而是耐心地等到出现有接近极值的现象时，方采取守号的方式，不间断地购买5~10期。这样可以集中资金，在守号购买期间内选择多一些的号码进行复式或胆拖投注。不要以为该期不买就可能会错过中奖，选择更多的号码中奖的概率要大于期期不间断购买的概率！

第四节 选号实战

我们以两个号码组合的极值规律作为主规律，并结合重号、分区形态、龙头、凤尾、遗漏这5项高频规律来选择号码。

选号实战案例一

回到2011年第116期，对本书第二章第四节中的“两个红球彩号组合的组合案例三”进行缩号分析。

在第116期时，我们对528组两个号码的组合中现值和极值距离最近的前10位进行排序后，整理出16个红球号码：2、6、8、9、13、16、18、19、20、21、23、26、27、28、30、31（如何选出这16个号码，请查阅本书第二章例三的相关内容）。这16个号码将作为缩号的备选基础号码。根据最大的距离为23，说明这16个号能守号投注至第139期。上述号码分布在9个号码组合内，见表3－11。（注：为了不使序号断开，序号为8号的［12 29］组合未出现在16个号码中。）

表3－11 备选基础号码

序 号	号码组合	现 值	极 值	距 离	现值/极值（%）
1	［9 13］	－132	－136	4	97.1
2	［2 6］	－93	－97	4	95.9
3	［2 27］	－127	－133	6	95.5
4	［13 28］	－98	－105	7	93.3

续表

序 号	号码组合	现 值	极 值	距 离	现值/极值（%）
5	[16 21]	-94	-104	10	90.4
6	[20 28]	-141	-153	12	92.2
7	[23 26]	-99	-111	12	89.2
8	[12 29]	-83	-94	11	88.3
9	[8 18]	-122	-145	23	84.1
10	[30 31]	-116	-139	23	83.5

10组号码是否符合极值规律的情况见表3-12。

表3-12 10组号码的极值规律

序号	组合	已出现次数	极值	距离（期）	在第117~第137期中是否出现	出现的间隔（期）	极值是否有效
1	[9 13]	26	-136	4	至第137期时未出现		超过极值未出现
2	[2 6]	35	-97	4	134期、136期出现	18、20	超过极值后出现
3	[2 27]	34	-133	6	至第137期时未出现		超过极值未出现
4	[13 28]	36	-105	7	至第137期时未出现		超过极值未出现
5	[16 21]	34	-104	10	至第137期时未出现		超过极值未出现
6	[20 28]	35	-153	12	至第137期时未出现		超过极值未出现
7	[23 26]	41	-111	12	第126期、第129期	10、13	有效
8	[12 29]	32	-94	11	至第137期时未出现		超过极值未出现
9	[8 18]	35	-145	23	至第137期时未出现		现有数据未知
10	[30 31]	34	-139	23	第134期出现	18	有效

我们去掉表3-12中的8组无效数据，将表3-12进行压缩，压缩后的结果见表3-13。

表 3-13 压缩选号后的有效号码组合

序号	组合	极值	距离期	在第 117~第 137 期中是否出现	出现的间隔期	极值是否有效
7	[23 26]	-111	12	第 126 期、第 129 期出现	10、13	有效
10	[30 31]	-139	23	第 134 期出现	18	有效

我们运用复式或胆拖投注的方法投注，以增大中奖概率。

复式投注选号步骤如下：

第一步 粗选备选号

为了让读者更好地体会如何选号，我们选择第 7 组［23 26］的组合来分析。

在表 3-12 的 10 个组合中，［23 26］的组合是第一个符合极值规律的组合，符合规律发生在 2011 年第 126 期。我们用倒叙的方法将第 117 期到第 125 期的情况放在后面分析，先来分析 11126 期。

和所有的科学研究一样，我们的推论建立在两个假设条件下：

假设一：任意选取 16 个号码，能中出 6 个、5 个、4 个号码的概率为有效的概率（已进行数理分析），见表 3-14。

表 3-14 复式投注中奖概率（%）

复式投注选取 N 个号码	中 6 个的概率	中 5 个的概率	中 4 个的概率	中 3 个的概率
16	1.36	7.31	22.68	36.02

也就是说，在 16 个选号中，第 126 期有可能出现 3 个（含）以上号码的概率为 67.55%，可以假定第 126 期会出现 3 个（含）以上的号码。因此，我们将在 16 个备选号码中捕获号码，并根据分析增

加1~3个可选号。

由表4-12可知，从第117期到第125期共9期中，第1~6组两个号码的组合都没有在达到极值前出现，因此不在考虑范围。此时，我们按序号顺序考查第7个组合的情况。第7个组合［23 26］的遗漏为-108期，即已有108期未出现过该组合，其极值是-111期，距离为3期。

假设二：在这9期中，最糟糕的情况出现了——连续投注9期颗粒无收。请咬咬牙，再坚持一期，同时将［23 26］组合作为必选号码。以第11125期作为初始守号期，预测第11126期的中奖号码。

第二步 将这16个号代入5项规律中，对比5项规律是否均有兼顾，见表3-15。

表3-15 可选号码与5项规律的对比

项目	可选号码	可选号码数量（个）	已有备选号码	说 明
重号	2011年第125期红球：3、10、15、24、27、32	6	27	第126期与第125期有可能重复1~2个号码
分区形态	一分区：1~11 二分区：12~22 三分区23~33	33	一分区4个：2、6、8、9 二分区6个：13、16、18、19、20、21 三分区6个：23、26、27、28、30、31	各区应该都有号可选，因此没有发生分区缺号的情况
龙头	1、2、3、4	4	2	从龙头的4个号码中选择1个号码；龙头号码的优先等级为1>2>3>4（已进行数理分析）

续表

项目	可选号码	可选号码数量（个）	已有备选号码	说明
凤尾	30、31、32、33	4	30、31	从凤尾4个号码中选择1个号码；凤尾号码的优先等级为33 > 32 > 31 > 30（已进行数理分析）
遗漏	2（－17）、13（－22）、16（－11）、23（－13）、29（－17）	5	2、13、16、23	统计遗漏在－10以上的号码

分析如下：

（1）重号

因为：重号在同一个分区内出现2个的概率不超过4%（已进行数理分析）

又因为：备选号码27为三分区号码

所以：不用考虑增加24、32号作为重号备选号码，而是在3、10、15号中选择一个号码

又因为：3为龙头号码

所以：选择3，不用考虑同一分区的10作为重号备选号码

又因为：重号大于2个的概率仅为5.1%（已进行数理分析）

所以：选择3、27，不用考虑15作为重号备选号码

（2）分区形态

因为：各区应该都有可选号码

又因为：备选的16个基础号码没有发生分区缺号的情况

所以：不用考虑增加其他号码作为分区形态的备选号码

（3）龙头

因为：2、3可以作为龙头号码

所以：不用再增加龙头备选号码

(4) 凤尾

因为：已有30、31作为凤尾号码

所以：不用再增加凤尾备选号码

(5) 遗漏在 -10 期以上

因为：备选号码中有4个遗漏值为 -10 期以上的号码

又因为：在备选的16个号码中，13的遗漏值为 -22，现值/极值的比为0.73

所以：根据“二八”法则，将13定为必选号码

第三步　根据两条原则进行选号

经过上面的整理，此时可捕获17个号码：2、3、6、8、9、13、16、18、19、20、21、23、26、27、28、30、31。由于采用17个号的复式投注需要12376元，因此需要进一步选号。

已选定的17个号码所在区域为：

一分区5个：2、3、6、8、9

二分区6个：13、16、18、19、20、21

三分区6个：23、26、27、28、30、31

根据如下两条原则选号：

第一条　同一分区出5个或6个号码的情况可忽略不计（已进行数理分析），而一分区、二分区和三分区的备选号码分别达到了5个、6个、6个，所以可以从2、3、6、8、9中去掉1个号码，从13、16、18、19、20、21中去掉两个号码，从23、26、27、28、30、31中去掉两个号码。但是，23、26号作为主规律必选号码必须

选择，13 号作为遗漏必选号码必须保留。

第二条 同一期中出 3 个（含）以上遗漏值为 -10 期以上号码的概率只有 2%（已进行数理分析），现有遗漏规律的备选号码中共有 4 个号码：13（-22）为必选号、23（-13）为必选号，因此去掉 2 号和 16 号。此时未能找到充分依据去掉更多的号码。

第四步 选择复式或胆拖方式投注

最终，将去掉号码后捕获的号码整理如下，共 15 个：3、6、8、9、13、18、19、20、21、23、26、27、28、30、31。（前三步合计去掉 2 号和 16 号。）

由于备选号码较多，考虑用胆拖投注方式。

又因为，23、26、13 为必选号码，所以胆选 13、23、26 号。

拖选：3、6、8、9、18、19、20、21、27、28、30、31 号。

投入金额为 440 元。

第 11126 期开出的中奖号码为：3、7、13、18、23、26 号，蓝球号码为 16 号。胆号码命中 3 个号码，拖号码命中 2 个号码。中奖情况见表 3-16。

表 3-16 中奖结果分析

第 126 期	奖金合计（元）	投资回报（倍）
命中蓝球	49200	110.8
未命中蓝球	2900	5.59

选号实战案例一小结：

小结一　作好彩票资金投入计划

为了减少彩民的投入成本，控制风险，不致使购买彩票成为一种负担甚至负债，笔者一再强调必须量入为出，作好购买彩票的资金投入计划。

彩票号码的预测研究必须具有严谨性和科学性，同样，对于选号方法的研究也必须具有严谨性和科学性。也就是说，如果缩号到一定个数后，没有充分的原因来减少备选号码的总数，就只能按照总数投注，不能唯心地、生硬地套用某一项或几项规律来进一步缩号。如果需要的资金比较多，唯一的办法只能是随机地减少 1 个或 3 个号码（随机去掉的 1 个或 3 个号码，在下一期中出现的概率约为 10%）。熟悉电脑操作的读者可以用电脑从备选号中码随机去掉几个号码，也可以采用以下的简易办法：用一盒七成以上新的扑克牌，拿出与备选号码总数一样多的纸牌，在正面用铅笔（橡皮擦去后可以循环使用）分别写上各个号码。然后背面朝上将纸牌洗匀，并任意抽取几张。这几张正面上的号码就是你要去掉的号码，但不要超过 3 张。因为按概率计算，如果去掉 4 个（含）以上的号码，其中可能含有 1 个下期中奖号码的概率最高可达到 30%。

从你计划守号投注的第一期起，由于分析初始值（即最新一期开出的中奖号码）不同，缩号处理后最终得到的备选号码的个数也是不同的（选号案例一为 15 个，选号案例二为 14 个）。是采用复式还是胆拖投注，选择较少的 8 个、9 个备选号码还是 10 个、11 个或者更多的备选号码投注，对应的投注金额或低或高。因此，必须结合自身财力选择投注方式，正如不一定期期购买一样。

请注意：这里所说的“不一定期期购买”，指的是初始期，比如你可以把 2011 年第 116 期作为初始期，选出备选号码后可以不从第 117 期开始连续投注，而是从第 126 期起守号 5 ~ 10 期，这时的守号应该期期不落地连续投注。或者，如果你觉得选出的备选号码太多，不符合你的投资计划，此时就可以等到可选备选号码较少的时候再采用连续投注的守号方法投注。

小结二　不符合极值规律的情况

现在我们回到本节初始，分析从第 117 期到第 125 期的情况。

在第 117 期到第 125 期这 9 期中，由于没有符合极值规律的两个号码组合出现。注意：请读者应区分“没有符合极值规律的两个号码的组合出现” ≠ “这 16 个号码不出现，或者由这 16 个号码组成的两个号码的组合不出现”。因为这 16 个号码一共能组成不重复的 120 个两个号的组合。除了表 4 – 11 中序号 1 ~6 的 6 个组合没有出现外，这 9 期中出现了由这 16 个号码组成的另外 17 个组合。但由于找不到准确度高的方法将这 17 个组合分析选择出来，因此才认为第 117 期 ~第 125 期这 9 期无法确定一个两个号码的组合作为必选号码或胆号码。

另一方面，如果不进行缩号，总是用 16 个备选号码投注：2、6、8、9、13、16、18、19、20、21、23、26、27、28、30、31 号，每期投入 16016 元，从第 117 期到第 125 期用不间断的复式投注的守号方式进行投注，总成本为 9 × 16016 元 = 144144 元。情况会怎样呢？见表 3 – 17。

表 3－17　16 个备选号码大复式投注守号 9 期结果分析

期号	红球号	红球号	红球号	红球号	红球号	红球号	蓝球号	中奖个数
117	8	10	19	26	28	30	4	5
118	5	6	11	14	20	21	10	3
119	9	12	14	19	28	32	1	3
120	4	14	17	28	30	33	7	2
121	4	14	22	25	32	33	2	0
122	10	12	18	26	27	31	3	4
123	1	4	5	14	19	28	16	2
124	9	18	19	26	31	32	16	5
125	3	10	15	24	27	32	8	1

我们仅考虑命中号码多的中奖情况：有两次中出 5 个红球号码。假设均能命中蓝球，每次中奖金额为 134860 元，共 2×134860 元＝269720 元；假设没有命中蓝球，每次中奖金额为 4950 元，共 2×4950 元＝9900 元。

由于连续投入 9 期的成本达到 144144 元，因而，复式投注方式会产生巨幅亏损的可能性是存在的。

若采用胆拖投注方式又会什么样呢?

为了让读者了解在守号过程中可能出现的情况，笔者以表 4－12 中的前两个组合作为胆号码进行守号投注，直至有组合突破组合极值但没能出现时，更换该组合。

(1) 因为在 116 期时，［9 13］和［2 6］组合距离极值的距离为同为 4 期，所以胆码选 2、6、9、13 号，拖选 8、16、18、19、20、21、23、26、27、28、30、31 号，共守 4 期至第 120 期，每期

投入 132 元，4 期总投入 528 元，投注结果见表 3－18。

表 3－18 守 4 期后的中奖结果分析

期号	胆号中（个）	拖号中（个）	中奖金额（元）（中蓝球）	中奖金额（元）（不中蓝球）
117	0	5	330	0
118	0	2	330	0
119	1	2	330	0
120	0	2	330	0
合计			1320	0

投注结果：赢利在－528 元至 792 元（＝1320－528）间浮动。

（2）因为［9 13］和［2 6］组合已突破极值而未出，所以胆码改为［2 27］和［13 28］组合，拖选改为 6、8、9、16、18、19、20、21、23、26、30、31 号，共守 3 期至第 123 期，每期投入 132 元，总投入为 396 元，投注结果见表 3－19。

表 3－19 守 3 期后的中奖结果分析

期号	胆号中（个）	拖号中（个）	中奖金额（元）（中蓝）	中奖金额（元）（不中蓝）
121	0	0	330	0
122	1	3	345	0
123	1	1	330	0
合计			1005	0

投注结果：赢利在－396 元至 609 元（＝1005－396）间浮动。

（3）因为［2 27］和［13 28］组合已突破极值而未出，所以胆码改为［16 21］和［20 28］组合，拖选改为 2、6、8、9、

13、18、19、23、26、27、30、31 号，共守 2 期至第 125 期，每期投入 132 元，总投入为 264 元，投注结果结见表 3－20。

表 3－20　守 2 期后的中奖结果分析

期号	胆号中（个）	拖号中（个）	中奖金额（元）（中蓝球）	中奖金额（元）（不中蓝球）
124	0	5	330	0
125	0	1	330	0
合计			660	0

投注结果：赢利在－264 元至 396 元（=660－264）间浮动。

至此，从第 117 期到第 125 期的赢利在－1188 元至 1797 元内浮动。

细心地观察，上述拖号最多中出 5 个号，因此在选择胆号时，若能认真筛选遗漏在－10 期（含）以上的号码，完全可以提高中奖概率。这一点充分体现在预测第 126 期时，认真筛选遗漏值在－10 期（含）以上的号码而产生的效果上。

以 125 期为例：

此时，有 3 个组合可以作为胆码，分别为［20 28］［23 26］［12 29］。

因为在备选的 16 个号中无 12 号，所以［12 29］组合可去掉。

又因为此时 20 号的遗漏为－7，28 号的遗漏为－2，23 号的遗漏为－13，26 号的遗漏为－1，所以选择 23 号，从而选择［23 26］组合。

根据每个分区均应有号选出的原则，23、26 号同为三分区号码，因此不考虑选入 28 号，从而不选［20 28］组合。

又因为：13 的遗漏值为 -22，占极值的比为 73%，所以，根据“二八”法则，13 号定为必选号码。

至此，共捕获最有可能的 3 个号码是：13、23、26。接下来的分析则按照“选号实战案例一”进行，最终可获得 2900 元或 49200 元的奖金。

小结三 极值被突破的规律——选择出现次数多的组合

正像所有的真理探究过程中都会发生的情况一样，总是在你沾沾自喜的时候，会遇到一些令人十分沮丧的挫折：当你重新翻看两个组合号码极值规律的所有案例时，你会发现：最接近极值的前几个组合号码，发生超过极值而不出现的情况很普遍。这真的很令人沮丧。一方面是否说明我们研究的方向（极值规律）是错误的；另一方面，如果无法找到解决办法，那么定位两个号码的目标就无法实现，就更谈不上进一步缩号了！

还记得看电影的例子吗？一个影迷和一个普通人在观影这件事上的极值是不同的，很容易理解，影迷的观影极值大于普通人。比如，影迷观影极值为 12 次/月，普通人为 4 次/月。接下来问题是：哪种极值容易突破呢？自然是普通人的，因为如果普通人恰好在休假，有更多的时间去看电影，很可能当月去观影的次数就可以达到 5 次。更近一步假设，这个普通人逐渐迷上了电影，开始主动增加观影次数，那么他观影的极值就会不断被突破，6 次、9 次……甚至达到了影迷的程度——极值达到 12 次！这个例子揭露了极值被突破的规律：

第一，出现次数少的现象所产生的极值容易被突破！也就是说，目前的极值尚处在不稳定的状态下，随时有可能被突破，其可信度相对较低。

第二，出现次数相对较多的极值被突破后，产生的新的极值与被突破的极值相距不会太大。就好比，普通人在最终变为影迷前，观影极值可能呈现出的规律依次是6次—9次—11次—12次，每次新旧极值之间的差为3、2、1，即下一个极值与上一个极值之间的差异在逐渐缩小。

回到彩票分析中，在已出的中奖期即1269期中，在528个两个号码的组合里，出现次数最多的是［3 5］组合，共出现61次；出现次数最少的是［6 9］组合，共出现18次。对比蓝球中出现次数最少的号码4号共出现68次的情况，可知，两个号码的极值就如同上面的那个普通观影人，其极值容易被突破。但随着时间的推移，突破极值的次数会不断增加，其符合极值规律的出现次数也会不断增多，符合规律的概率就会增大。说明我们研究的方向并没有错。

研究方向的问题解决了之后，我们进一步解决在目前两个号码组合的现有极值不稳定的时候如何选择的问题。

在缩号案例一中，［23 26］组合出现的次数是最多的，达到41次，因此它的极值 -111 的可信度较高。选号案例一证明，其在遗漏值 -108即第126期时再次出现，没有超过极值。那么，是否组合出现的次数大于41次时，极值一定不会被突破呢？答案是否定的，笔者目前监测到的出现次数在40次（含）以上的组合，其极值被突破的概率为30%。但突破旧的极值后，新的极值和被突破的极值之间的距离在25期以内的占大多数。由于目前开奖数据还不够多，只能用观察到的已发生次数来暂时估计其规律，还不能得出具有统计意义的确定的概率。

从缩号案例一中我们还看到，选择16个备选号码能在下期中出3个号码的概率为50%。因此，在投注时，除了要十分敏感地观察到每期的一些特别的号码外，还可以替换或增加（在财力允许的情况下）1~3个备选号码。

选号实战案例二

在所有的彩票分析研究中，都是用以往的中奖期推论出各种理论，或检验其成功率的高低，这是不能让人完全信服的。因为“黑天鹅事件”时有发生，因此这种推论或检验方法是有局限性的。

链接（资料来源于“百度百科”）

“黑天鹅”的由来

在发现澳大利亚的黑天鹅之前，17世纪之前的欧洲人认为天鹅都是白色的。但随着第一只黑天鹅的出现，这个不可动摇的信念崩溃了。黑天鹅的存在寓意着不可预测的重大稀有事件，它在意料之外，却又改变一切。

人类总是过度相信经验，而不知道一只黑天鹅的出现就足以颠覆一切。然而，无论是在对股市的预期，还是在政府的决策中，或是普通人日常简单的抉择中，黑天鹅都是无法预测的。“9·11”事件的发生，美国的次级贷危机，我国的雪灾，都是如此。

“黑天鹅”的特点

一般来说，“黑天鹅”事件是指满足以下三个特点的事件：

第一，它具有意外性；

第二，它产生重大影响；

第三，虽然它具有意外性，但人的本性促使我们在事后为它的发生编造理由，并且或多或少地认为它是可解释和可预测的。

然而，笔者对于极值规律的研究突破了检验方法的局限性。在缩号实战案例二中，我们不再用以往的中奖期进行分析，而是选择实战预测，能否中奖将完全交由读者在后面的中奖期中检验。

用本书所附带的光盘文件，以 2011 年第 147 期为截点，分析下期号码的可选范围，见表 3－21。

表 3－21　第 148 期可选号码

序号	组合	已出现次数	现值	极值	距离期数	现值/极值（%）
1	[11 16]	37	－94	－101	7	93.07
2	[12 23]	28	－201	－209	8	96.17
3	[8 16]	39	－93	－102	9	91.18
4	[14 27]	46	－100	－109	9	91.74
5	[15 17]	35	－106	－122	16	86.89
6	[6 15]	35	－85	－106	21	80.19
7	[15 22]	28	－77	－100	23	77.00
8	[6 26]	36	－72	－96	24	75.00
9	[10 22]	36	－95	－121	26	78.51
10	[22 28]	33	－77	－104	27	74.04
11	[24 26]	38	－89	－116	27	76.72
12	[6 13]	34	－85	－113	28	75.22

第一步 粗选备选号。

为捕获16个号码，涉及的两个号码组合一共有12个，捕获的号码为：11、16、12、23、8、14、27、15、17、6、22、26、10、28、24、13。

按号码由小到大顺序排列：6、8、10、11、12、13、14、15、16、17、22、23、24、26、27、28。

根据极值被突破的规律，应选择出现次数较多的组合，所以出现了46次的［14 27］组合作为必选号。以第147期作为初始守号期，14、27号组合距离极值的期数为16期。

第二步 将这16个号码代入5项规律中，通过对比考查5项规律看是否均有兼顾，见表3－22。

表3－22 16个号码与5项规律对比情况

	可选号码	可选号（个）	已有备选号码	说 明
重号	4、8、12、17、18、30	6	8、12、17	第148期与第147期有可能重复1~2个号码
分区形态	一分区：1~11 二分区：12~22 三分区23~33	33	一分区4个：6、8、10、11 二分区8个：12、13、14、15、16、17、22 三分区5个号：23、24、26、27、28	各区应该都有号码可选，因此没有发生分区缺号的情况
龙头	1、2、3、4	4	无	从龙头的4个号码中选择1个号码，龙头号码的优先等级为1>2>3>4（已进行数理分析）

续表

	可选号码	可选号（个）	已有备选号码	说　明
凤尾	30、31、32、33	4	无	从凤尾的4个号码中选择1个号码，凤尾号码的优先等级为33 > 32 > 31 > 30（已进行数理分析）
遗漏	3（-21）、13（-12）、21（-14）、21（-14）、25（-12）	5	13	统计遗漏值在-10以上的号码

分析如下：

（1）重号

因为：重号在同一个分区内出现2个的概率不超过4%（已进行数理分析）

又因为：备选号码8为一分区号码，12、17为二分区号码

所以：增加三分区的30号作为重号备选号码

（2）分区形态

因为：各区应该有可选择的号码

又因为：备选的16个基础号码没有发生分区缺号的情况

所以：不需要增加分区形态备选号码

（3）龙头

因为：没有号可以作为龙头号码

所以：增加龙头备选号码，并按优先等级增加1号作为龙头备选号码

（4）凤尾

因为：没有号码可以作为凤尾号码

所以：增加凤尾备选号码，并按优先等级增加33号作为凤尾备

选号码

(5) 遗漏值在 -10 期以上

因为：备选号码中遗漏值在 -10 期以上的号码只有 1 个，为 13 号 (-13)

又因为：3 的遗漏值为 -21，占极值的比为 72%

所以：根据“二八”法则，增加遗漏备选号码 3，将 3 定为必选号码

第三步 进行选号处理。

经过表 8-12 的分析整理，捕获的 20 个号码是：1、3、6、8、10、11、12、13、14、15、16、17、22、23、24、26、27、28、30、33。由于采用 20 号的复式投注需要 77520 元，因此要进行选号处理。

20 个号码所在分区如下：

一分区有 6 个，即 1、3、6、8、10、11。

二分区有 7 个，即 12、13、14、15、16、17、22。

三分区有 7 个，即 23、24、26、27、28、30、33。

选号原则：

第一条 同一分区出 5 个和 6 个号码的情况可忽略不计（已进行数理分析），而一分区、二分区和三分区的备选号码分别达到了 6 个、7 个、7 个，[14 27] 组合为必选号码，1、33 作为龙头凤尾备选号码，3、13 作为遗漏备选号码，这 6 个号为必须保留外，还可以分别从 6、8、10、11 号中去掉 2 个号码，12、15、16、17、22 号中

去掉3个号码；23、24、26、28、30号中去掉3个号码。

因为：6、8、10、11号的遗漏值分别为－5、0、－3和－1，虽然6号的遗漏值最大，但与极值－28的距离还很远，不具有投资价值；8号为重号，所以选择8号。[11 16] 组合距离期数为7，是所有组合中最接近极值的组合，应至少保留7期。

所以：8号11号保留。

因为：12、15、16、17、22号的遗漏值分别为0、－2、－3、0和－7，虽然22号的遗漏值最大，但与极值－42的距离还很远，不具有投资价值；[11 16] 为最接近极值的组合，应保留至少7期；16号须保留；12、17号为重号，也保留。

所以：12、16、17保留。

因为：23、24、26、28、30号的遗漏值分别为－1、－3、－1、－1和0，其中30号为重号。

又因为：连号的规律为高频规律（即两个号码互为相邻号码），27号的连号是26号和28号。

所以：26、27、28、30号保留。

第二条 同一期中出3个（含）以上遗漏值在－10以上的概率只有2%（已进行数理分析），现有遗漏规律的备选号码中共有两个号码：3号（－21）、13号（－12），为必选号码。不需要增加备选号码。

第四步 选择复式或胆拖方式投注。

经过缩号处理号码调整为14个：

一分区4个，即1、3、8、11。

二分区5个，即12、13、14、16、17。

三分区5个，即26、27、28、30、33。

可以采用两种方式投注：

（1）复式投注。留下必选的两个组合号码后，每期随机去掉3个号码，变成11红+1蓝，每期投入924元。

（2）胆拖投注。留下必选的两个组合号码后，剩余的号码全部选为拖号，胆3红拖11红+1蓝，每期投入330元。

上述两种投注方法，在选择必选号码或胆号码时，一旦有组合超过极值未出现，或是符合规律时出现，都要更换另一个组合作为必选号码或胆号码。

笔者选择以下方式守号投注，欢迎读者检验其成功率：

胆码3个号：1、14、27号

拖码9个号：3、8、11、13、16、26、28、30、33号

蓝球1个号：14号

投入成本：168元，守号期从2011年第148期开始至某期[14 27]组合出现时结束。

注：如果[14 27]组合在2012年第004期时达到极值但仍未出现，笔者仍将该组合作为必选号，但放置于拖号码内，更改胆号码为其他组合。若蓝球14号出现后，则改为蓝球9号……每次更换蓝球号码均选取遗漏值最大的号码。

第四章 光盘使用方法

声 明

1. 笔者拥有本书和光盘的著作权，任何包括但不限于出版、销售、复制、改编等均需要得到笔者的许可，否则视为侵权行为，笔者保留向该侵权行为者追究法律责任的权利。

2. 每个工作表均进行了保护，数据只能读，不能更改。若要更改，可从菜单工具中的“保护选项”中选择“撤销工作表保护”。注意：请尽量不要删改、移动、调整格式，这会造成数据丢失，使程序失效！

3. 光盘中所有程序源代码均作了保护，任何窃取行为均会完全破坏光盘所有文件，致使其不能使用。同时，笔者保留对此的法律追究权利。

4. 笔者提供的所有数据、技巧、概率均只作为读者购买彩票的参考，不能作为一定中奖的保证！读者应根据自己的具体情况和经济实力，量力而行。

第一节　打开光盘

将随书赠送的光盘放入电脑的光盘驱动器中。由于“极值选号技巧”文件有保护程序，防止任意拷贝和破解密码，只能在光盘中使用。

第二节　工作表

“极值选号技巧”文件中共有5个Excel工作表，具体内容见表4-1。

表4-1　Excel工作表目录

序号	工作表名称	内容简介	备　注
1	实验一	任意选取16个号码查询历史中奖情况	
2	实验二	任意选取6个号码查询历史中奖情况	
3	中奖数据	更新、更正中奖数据	初始数据：第3001期~第11147期
4	红球、蓝球现值极值一览表	计算最新一期现值、极值、距离和百分比	
5	分析下期号码	提供下期N组号码供分析选择	最多统计50组

第三节 菜单功能

1. 查找 Excel 工作表文件

在菜单栏中，单击“双色球预测”，弹出下拉菜单，共有 5 项，分别为实验一、实验二、中奖数据输入、红蓝球极值、预测下期、恢复初始数据，如图 4－1 所示。

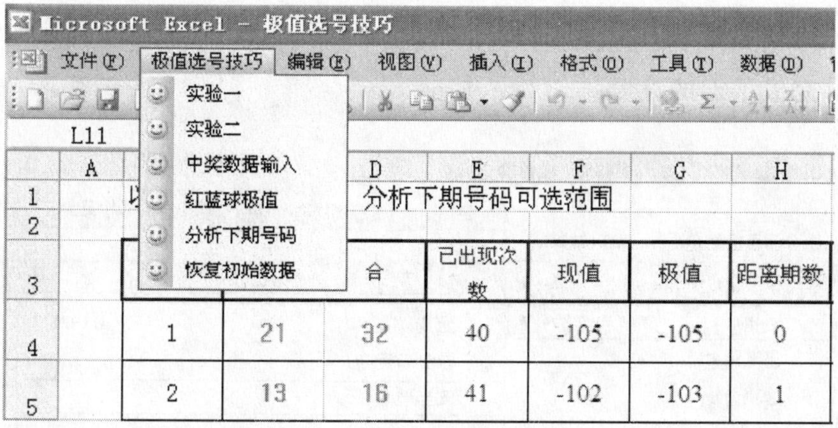

图 4－1 菜单栏窗口

2. 修改宏设置

单击任意一项，将触发对应的宏进行数据统计，得出统计结果，并在对应的工作表文件中列出。

宏是一系列程序编写的命令和指令，这些命令和指令组合在一起，通过自动化运算得出相应的数据结果。由于最终提供给读者的一系列统计结果均是通过宏程序运算得出的，因此你必须设置 Excel

中允许使用宏的设置，否则会弹出如图 4 -2 所示的对话框。

图 4 -2　禁止宏运算对话框

此时，通过以下步骤修改 Excel 关于宏的设置。

如图 4 -3 所示，单击菜单栏中“工具”，在弹出的下拉菜单中单击“宏”选项中的“安全性（S）”，会弹出如图 4 -4 所示的对话框，选择单击“中”或“低”前的圆形选择框，单击“确定”返回，完成了宏的设置。

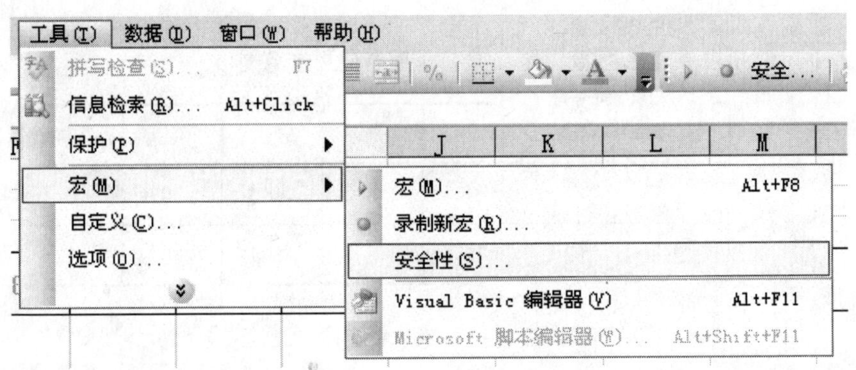

图 4 -3　修改 Excel 宏设置

打开文件时若出现如图 4 -5 所示对话框，单击“结束（E）”后，请按图 4 -3 和图 4 -4 步骤找到“可靠发行商（T）”，并单击它，出现以如图 4 -6 所示的对话框，选择单击“信任所有安装的加载项和模板（A）”和“信任对于” Visual Basic 项目“的访问（V）”前的方形选择框，如图 4 -6 所示。

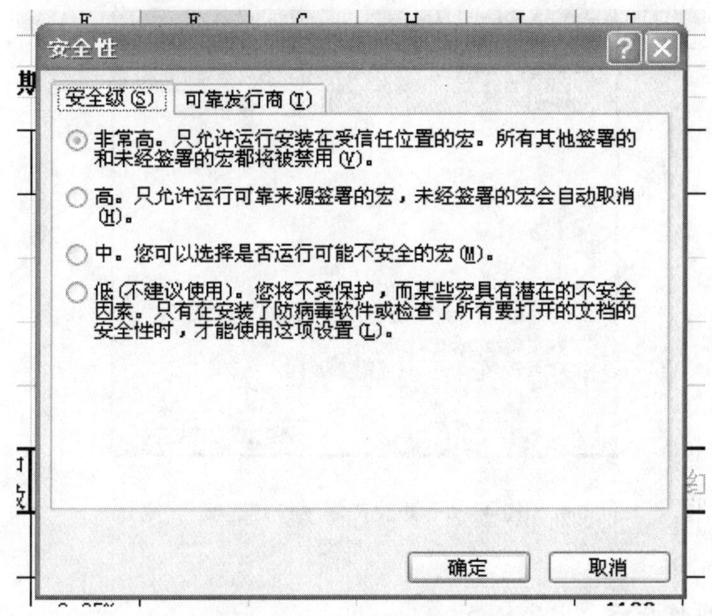

图 4-4　修改对宏的设置

图 4-5　运行错误

完成上述两项对宏设置的修改后，保存文件并关闭。重新打开“极值选号技巧. xls”文件，可正常使用文件。

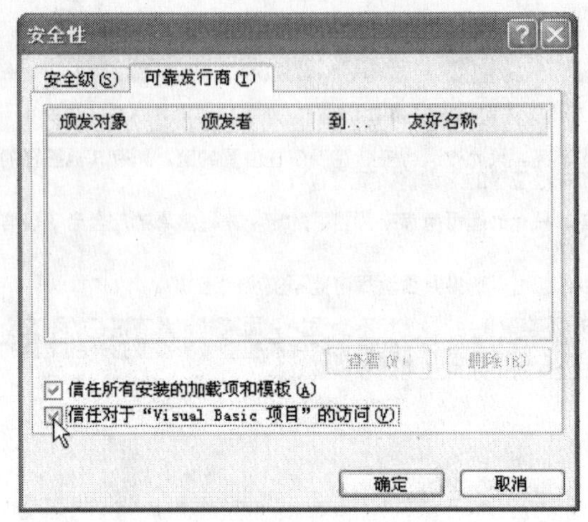

图 4－6　修改可靠发行商选项

3. 操作提示

所有菜单功能在使用过程中，均会弹出若干个提示对话框，请读者根据提示选择“确定”/“取消”/“是”/“否”等相关按钮，进行统计运算。如果点击错误或其他操作错误，会弹出对话框提示你重新点击菜单功能键，再从头开始操作。

当你看到屏幕画面没有更新结果时，请注意看屏幕左下角，会有“计算中……请等候”字样，如图 4－7 所示，说明程序正在运算，请不要使用 Esc 键或 Ctrl + Break 组合键，会破坏程序运行，严重时有可能导致光盘数据损毁而不能使用。

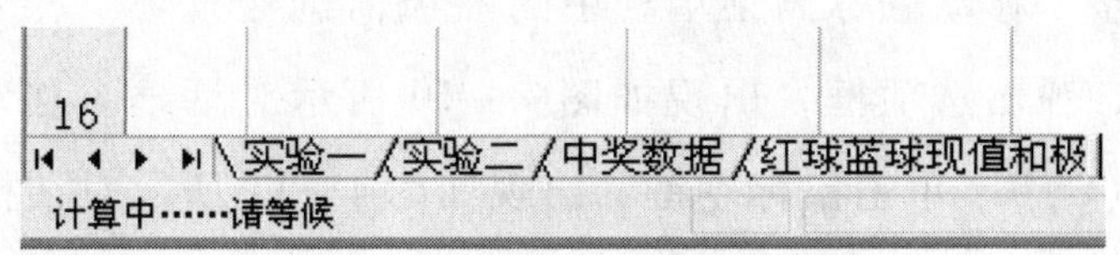

图4－7 计算中提示窗口

4. 打开光盘文件

当你在同一台电脑中打开其他 Excel 文件并使用其他自定义的菜单功能时，有时会更换“极值选号技巧”菜单中索引宏程序的地址，并弹出如图4－8所示的对话框。

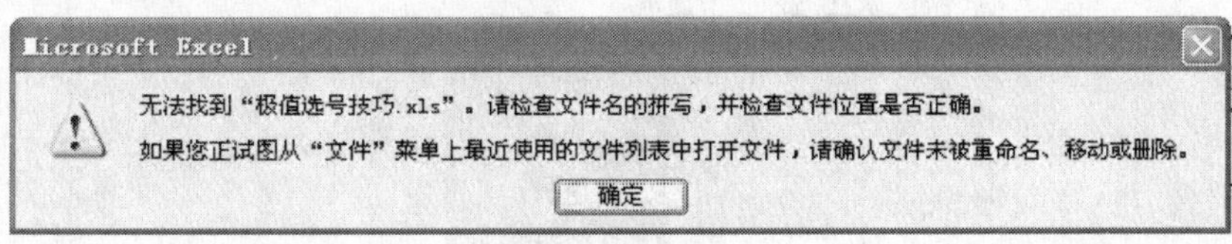

图4－8 未找到宏的提示框

遇到这种情况时有两种解决办法：

（1）在使用光盘打开“极值选号技巧 . xls”文件前，关闭其他所有的 Excel 文件，看不到字样 Microsoft Visual... 在屏幕最下面一行的菜单栏中时，方可打开文件，如图4－9所示。

图4－9 打开光盘文件前查看该窗口

（2）如果还是出现未找到宏的提示框，点击确定后，按以下步骤操作：

第一步 移动鼠标到菜单栏中的“极值选号技巧”菜单，单击鼠标右键，弹出选项框，出现如图4－10所示对话框。移动鼠标到“自定义（C)”，单击鼠标左键，出现如图4－11所示对话框。

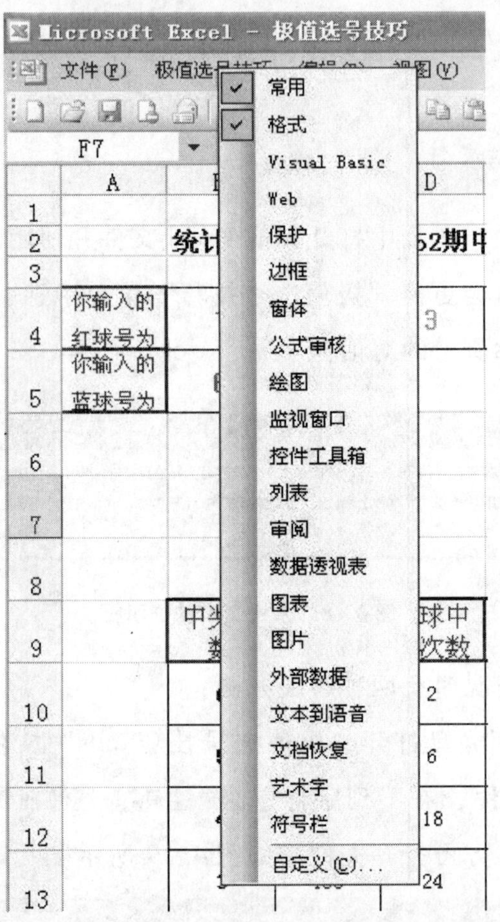

图4－10 “极值选号技巧”菜单对话框

第二步 将鼠标移到菜单栏中的“极值选号技巧”菜单，单击鼠标左键，弹出下拉菜单选项框。移动鼠标到“实验一”，单击鼠标右键，出现选项框，点击“指定宏（M)”，如图4－12所示。

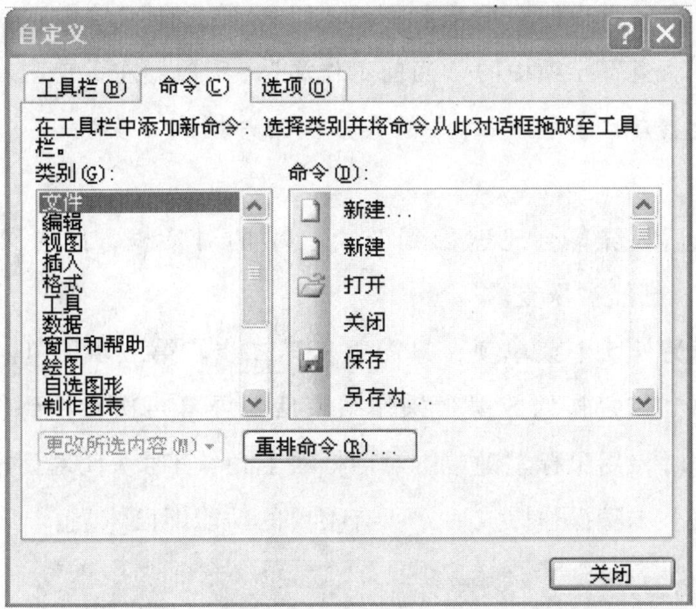

图 4 - 11　自定义对话框

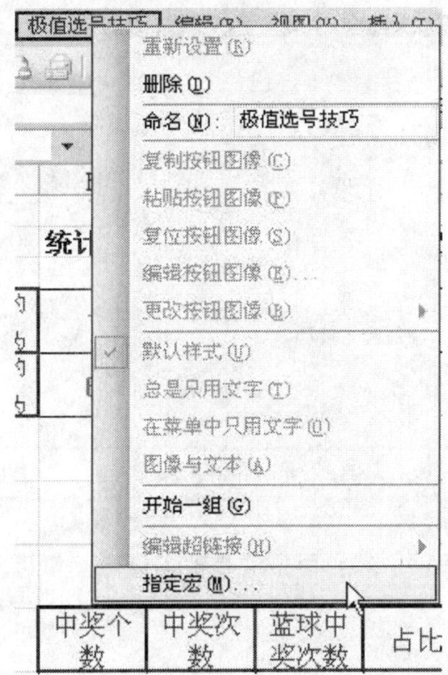

图 4 - 12　“试验一”对话框

第三步 弹出的对话框如图 4 – 13 所示。在“位置（A）”中，用鼠标移动至下拉项中的“当前工作簿”，用鼠标左键单击后，将鼠标移动至上方“宏名（M）”的大方框内并指向“实验一”，双击鼠标左键。

双击后，屏幕会迅速回到图 4 – 11 的对话框，此时菜单中的“实验一”已经被恢复。

恢复另外 5 个菜单项，只需重复第二步、第三步即可。直到最后的菜单“恢复初始数据”操作结束后，屏幕再次会回到图 4 – 11 的对话框时，用鼠标左键单击对话框右上角符号关闭对话框。

按以上步骤操作完成后，所有菜单的功能即已恢复。

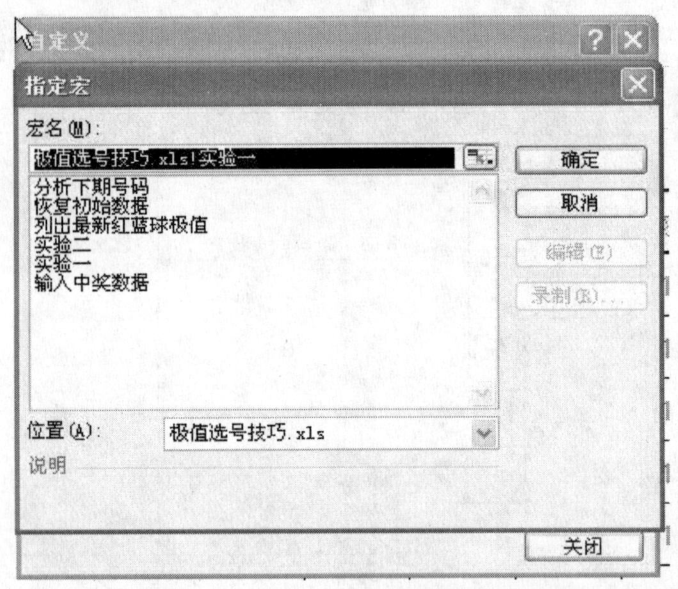

图 4 – 13 回到“当前工作簿”窗口

第四节 工作表“实验一”和菜单“实验一”

1. 工作表“实验一”——输入红球号码

“你输入的红球号”：为输入 16 个红球号码。号码范围为 1 ~ 33。可以通过以下两种方式输入：

（1）单击菜单栏中的“极值选号技巧”，出现下拉菜单，单击“实验一”，逐个输入红球号码，并统计结果。

（2）从菜单工具栏中的保护选项选择撤销工作表保护，直接在工作表相应的位置输入 16 个号码。单击“实验一”进行统计。（撤销工作表保护时，注意不要修改其他位置的数据!）。不建议用此种方式输入，尤其对于不太熟悉 Excel 操作方法的读者更不要选择这种输入方式。

2. 菜单“实验一”——显示统计结果

点击“实验一”，弹出对话框：提示是否更改已经输入的 16 个号码，如图 4 - 14 所示。如果选择“是”，则重复上一步的操作；如果选择“否”，则直接统计结果。统计结果将保存在工作表“实验一”中。

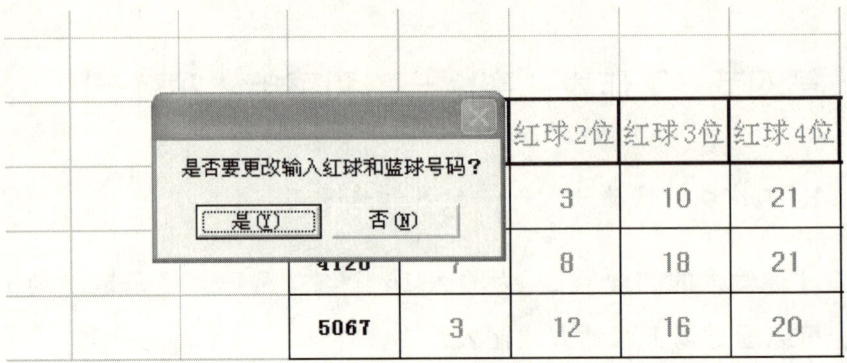

图 4－14 “是否需要更改输入号码”对话框

第五节 工作表“实验二”和菜单“实验二”

操作方法与工作表“实验一”相同

技巧提示：当你选好 6 个号码准备投注时，请使用“实验二”，查看你选的 6 个号码是否出现过。如果出现过，请至少更改一个号码，直至没有与历史中奖号码重复为止。因为两期出同一组中奖号码的可能性极小。

第六节 菜单“输入中奖数据”和工作表“中奖数据”

1. 输入中奖数据

单击菜单中的“中奖数据输入”，出现如图 4－15 所示窗口。点击“确定”，出现如图 4－16 所示对话框。（注：中奖期数已录入到第几期以光盘“极值选号技巧.xis 文件为准。以下同”。)

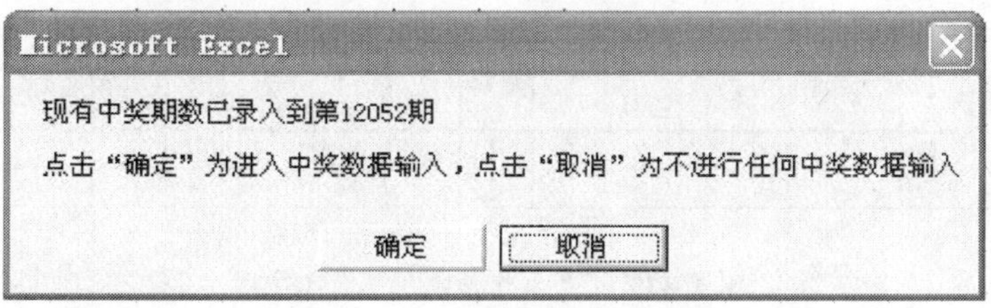

图 4－15 “中将数据输入”窗口

输入中奖期号
如输入12053
“12”为代表年号，后面数字为第N期。
注意：期号不能小于12052期！并且期号必须连续！
确定
取消

图 3－16 “输入中奖期号”窗口

提示：中奖期号的含义，3001 代表 2003 年第 001 期，12053 代表 2012 年第 053 期。在使用光盘时，必须及时准确无误地把 12052 期往后的中奖数据逐一输入工作表的“中奖数据”中。输入的格式为：

12053，代表 2012 年第 053 期；

12054，代表 2012 年第 054 期。

……

中奖数据共分两栏，每栏各 8 列。左栏 8 列代表各期中奖数据。右栏 8 列代表各期中奖号码的遗漏值，如图 4－17 所示。

	A	B	C	D	E	F	G	H	I	J	K	L	M	N	O	P
1																
2																
3	期　号	红球1位	红球2位	红球3位	红球4位	红球5位	红球6位	蓝球		红球遗漏1	红球遗漏2	红球遗漏3	红球遗漏4	红球遗漏5	红球遗漏6	蓝球遗漏
4	3001	10	11	12	13	26	28	11		0	0	0	0	0	0	0
5	3002	4	9	19	20	21	26	12		-1	-1	-1	-1	-1	0	-1

图 4 – 17　“中奖数据输入”窗口

遗漏值，即号码在当前期出现时，与上一次出现间隔了多少期，以负值表示，如图 4 – 18 所示。

1263	11128	9	11	14	17	19	23	12		-3	-9	-4	-7	0	0	-17
1264	11129	7	10	11	21	23	26	6		-2	-3	0	-10	0	-2	-27
1265	11130	7	14	18	23	25	32	15		0	-1	-3	0	-8	-4	-17
1266	11131	2	7	9	17	21	25	1		-22	0	-2	-2	-1	0	-11
1267	11132	2	5	12	13	25	33	7		0	-8	-9	-5	0	-10	-11
1268	11133	12	14	20	21	25	31	16		0	-2	-14	-1	0	-8	-6
1269	11134	1	2	6	7	30	31	10		-10	-1	-15	-2	-13	0	-15
1270	11135	12	13	17	20	25	26	12		-1	-2	-3	-1	-1	-5	-6
1271	11136	2	4	6	20	22	31	7		-1	-12	-1	0	-8	-1	-3

实验一 / 实验二 / 中奖数据 / 红球蓝球现值和极值一览表 / 分析下期号码 /

图 4 – 18　“遗漏值”栏（右侧）

在图 4 – 18 中，第 11135 期开出红球 12 号对应的遗漏值为 – 1，表示红球 12 号在当前期开出时，与上一次 11133 期出现的间隔为 1 期。蓝球 12 号对应的遗漏值为 – 6，表示蓝球 12 号在当前期开出时，与上一次 11129 期出现的间隔为 6 期。其他号码依此类推。

2. 修改中奖数据

中奖数据是由读者逐期输入的，遗漏值是由电脑计算得出的，但前提是你必须完全准确地输入每一期中奖期号。如果中奖数据输入错误，则遗漏值也是错误的。因此，在每次计算之前，你都应该认真检查往后各期中奖数据的输入是否有误。如果有误，请单击菜单功能“输入中奖数据”项，提示“输入的中奖期号已存在”，如图4－19所示。点击“是”后输入正确的中奖数据，就可以覆盖该期原有的数据，达到修改的目的。

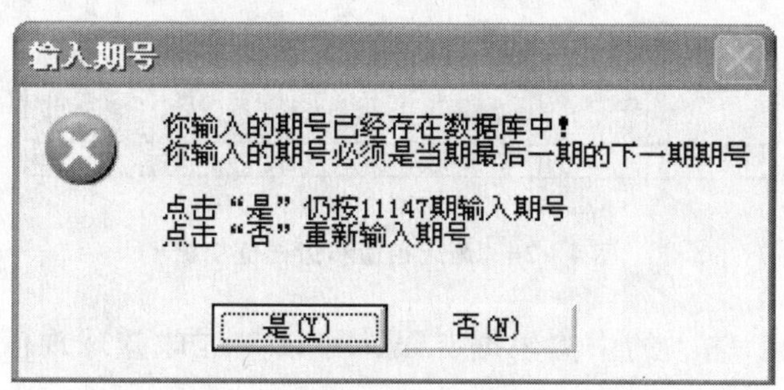

图4－19　输入中奖期号错误提示窗口

如果不止一个数据输入错误，则重复以上步骤逐一修改。

第七节　工作表“红球蓝球现值/极值一览表”和菜单“红蓝球极值”

当你输入的最后一期中奖数据恰好是最近一期的开奖数据时，“红球蓝球现值极值一览表”中的遗漏现值就是到最近一期为止应该彩球号码与上一次出现之间的间隔期。极值为到最近一期为止应该彩球号码不出现的最长间隔期。总出现次数为该号至今共出现了多少次，如图4－20所示。

	A	B	C	D	E	F
1						
2						
3	红 球	总出现次数	遗漏现值	遗漏极值	遗漏现值-遗漏极值	遗漏现值/遗漏极值
4	1	252	-3	-26	23	11.54%

H	I	J	K	L	M
蓝 球	总出现次数	遗漏现值	遗漏极值	遗漏现值-遗漏极值	遗漏现值/遗漏极值
1	84	-16	-66	50	24.24%

图 4－20　最近极值和遗漏值视窗

如果往后输入的中奖数据有误，导致“红球蓝球现值/极值一览表”中红球和蓝球的“遗漏现值”有误，那么将无法使用菜单“预测”下期的中奖号码，也无法得出正确的统计结果。

解决办法：

第一步　输入下列网址，登录搜狐网中的“搜狐彩票”。

http：//lottery. sports. sohu. com/datachart/ssq_ hongqiuzoushi. html

第二步　检查往后输入的中奖数据是否有误，在 Execl 文件的菜单栏中点击“中奖数据输入”按钮，重新输入数据。

第三步　再次与网页中的中奖号码和遗漏现值进行比对。确认无误后，再继续使用。

第八节　工作表“分析下期号码”和菜单“分析下期号码”

在中奖数据和遗漏现值、遗漏极值都没有出现错误时，使用菜单“分析下期号码”功能才能计算出正确的结果。

用鼠标左键单击菜单“分析下期号码”，弹出如图 4－21 所示对话框。

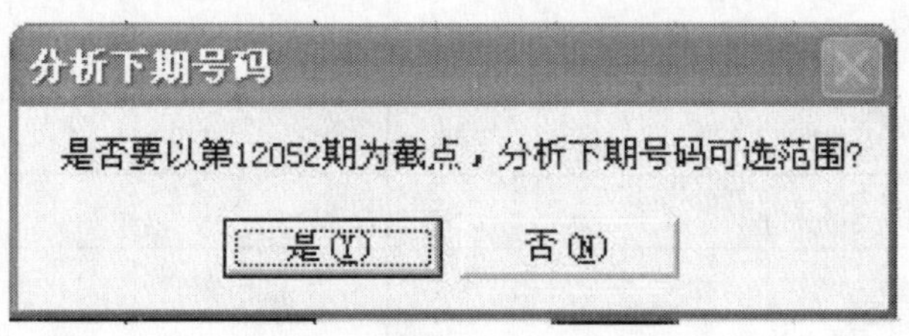

图 4－21 “分析下期号码”窗口（一）

如果你输入的数据不是最新的中奖数据，对话框内以第 N 期为截点就不是最新的一期，你必须点击“否”，回到“中奖数据”表，检查错误的中奖数据内容，更正后重新运行。点击图 4－21中的“是”，屏幕弹出如图 4－22 所示对话框。

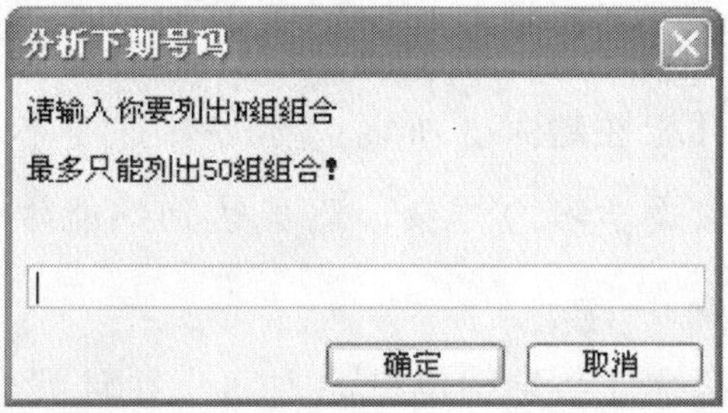

图 4－22 “分析下期号码”窗口（二）

必须输入一个大于等于1 的整数，例如输入 10，则统计结果是列出现值距离极值最近的 10 组数据。如果输入 20，则列出 20 组数据。例如，12052 为截点，预测下一期即 11148 期可能出现的号码，如图4－23所示。

	A	B	C	D	E	F	G	H	I
1		以第12052期为截点，分析下期号码可选范围							
2									
3		序号	组	合	已出现次数	现值	极值	距离期数	现值/极值
4		1	21	32	40	-105	-105	0	100.00%
5		2	13	16	41	-102	-103	1	99.03%
6		3	3	28	40	-118	-119	1	99.16%
7		4	3	4	39	-118	-119	1	99.16%
8		5	18	32	48	-75	-86	11	87.21%
9		6	14	32	41	-75	-89	14	84.27%
10		7	6	12	36	-119	-134	15	88.81%
11		8	5	27	44	-94	-110	16	85.45%
12		9	13	14	35	-109	-126	17	86.51%
13		10	14	21	39	-72	-92	20	78.26%

图 4－23　分析下期可能出现的号码组合

并不是列出的数据越多越好，因为按照极值理论，越是接近极值的号码出现的可能性越大。所以，你必须参考本书理论部分的案例，在投注过程中边学习边体会，逐步达到熟能生巧、灵活运用的境界。

由于你将依据统计结果制定投注方案，并且就会产生投入成本，因此，请你在操作菜单“预测下期”前定再次审查中奖数据是否有误（如果没有发生恶意操作造成破坏，第 3001 期到第 12052 期的中奖数据是完全准确的，作为本书的初始数据。初始数据可以用菜单中的“恢复初始数据”来恢复，具体操作见第九节）。同时，不要将工作表的保护设置为“撤销工作表保护”，以防止因误操作破坏源代码和数据。

第九节 “恢复初始数据”菜单

在中奖数据和遗漏现值、遗漏极值都出现错误时，可以使用菜单“恢复初始数据”功能恢复从2003年第001期~2012年第052期的中奖数据。点击菜单后，出现如图4-24所示对话框。

图4-24 “恢复初始数据”对话框

点击“是”，则删除工作表“中奖数据”中的填充数据，恢复至初始状态。之后，重新进入菜单“中奖数据输入”栏，输入2012年第052期以后各期的中奖数据。

附　录　规律、规则、主要概率汇总

附录 规律、规则、主要概率汇总

极值现象在物理规律统治的世界里无处不在，大到经济、气候、战争等宏观领域，小到看电影、扑克游戏等生活领域，都有它发挥作用的场所。

彩票预测确实是十分困难的，其研究工作也是复杂艰辛的。笔者在破解过程中，采用了先案例、后归纳总结的推理方式。为方便读者记忆，我们对归纳总结出来的结论进行汇总。同时，在备选号码选号环节中，需要在熟练掌握理论的基础上，综合运用各项规则、概率，逐渐提高分析选号水平。建议读者每次分析时撰写分析日记，详细记录推理分析选号过程，比对结果，以便日后找出缺陷，进一步坚定地采用“守号投注”方式。

附表 1 本书涉及或使用到的规律、规则、主要概率一览表

序号	内 容	所在章节
1	极值的概念可以描述为：在一定长的时间周期内，对于每一种规律现象，都存在一个可以用数字表达的最大（小）值，不随后续中奖号码的开出而大于或小于该值（可以等于）	第一章第二节
2	把某一现象间隔 N 期不出现，统称为遗漏	第一章第二节
3	出现热号的现象可称为该号出号概率中的偏态现象	第二章第一节
4	“极值”能实现同步性的原理在于：“极值”揭露了任何一种规律在邻近的 1 期、3 期、5 期、10 期这样的短时间序列内“一定”出现的本质	第二章第二节

续表

序号	内　容	所在章节
5	在所有单个红球号码中，极值的最高值是 -42，最低值是 -20，平均值是 -29 在所有单个蓝球号码中，极值的最高值是 -112，最低值是 -60，平均值是 -80	第二章第三节、第六节
6	“二八”法则运用在彩票中，我们定义为：当一种现象出现的次数在全体次数中的比例超过20%时，这种现象就可以认为是高频率现象。当一种现象已接近极值的80%时，其出现的概率呈几何级数增加	第二章第三节
7	1~33号码能组合成528组不重复的两个号码的组合	第二章第四节
8	每期6个号码能组合成15组不重复的两个号码的组合	第二章第四节
9	两个红球号码组合“极值”理论的运用规则总结： 1. 接近极值时，选入该组组合。可以采信“二八”法则，接近极值80%的时候就可以选入组合。 2. 超过极值时，放弃该组组合，选择其他组合。 3. 如果某组合的极值相对较小，被超越的可能性较大，可以不选，而改选极值相对较大的组合。 4. 运用极值规律选号，应坚持“守号”的心态，在财力有限的情况下，避免“急功近利”	第二章第五节
10	在混沌运行系统中，极值是可以捕捉到的规律	第三章第一节
11	大奖是守出来的，不要轻易更换你的投注号码	第三章第三节
12	以分析6个号码为直接目标是天方夜谭	第三章第一节
13	通过胆拖和复式的方法，将1项规律作为主规律，结合其他5项高频规律进行缩号	第四章第二节
14	规律频率 = -样本总数/符合规律现象出现的次数	第四章第二节
15	将规律频率值在 -2（含）以内的届定为高频规律	第四章第二节
16	重号、分区形态、龙头、凤尾、遗漏这5项高频规律中，当期中奖号码同时符合3~5项规律的合计占76.2%，因此在选号时至少选择同时符合3项规律的情况	第四章第二节
17	选号原则： 第一条　同一分区出5个和6个号码的情况可忽略不计。 第二条　同一期中出3个（含）以上遗漏值在 -10期以上的此概率只有2%	第四章第一节

后 记

极值不仅表现在单个号码以及号码组合上，还表现在连号、重复号、尾数、三个分区中第几个分区在何时会出现 3 个号码以上的号码上……将这些极值充分开发出来，可以进一步增加预测的准确性。随着中奖数据的不断增加，笔者将继续深入研究，并期待能进一步改进和完善极值的分析选号理论和方法，推出更好的作品奉献给广大读者。

正如笔者一直坚信的那样，大舍方可大得，应将所悟所得，多利众生。真诚希望本书能对有缘且有善根福德之人，或正处于困难之中的众生有所益，有所助。

刘 然

2012 年 5 月

书系目录

NO.01

书名：《彩票投注站营销制胜方略》
书号：978-7-5136-0021-7
定价：30.00 元
出版时间：2011 年 1 月

彩票投注站赢利模式分析，经营投注站的六大戒律；
彩票投注站小商圈分析，要把握彩民购彩行为和心理；
投注站营销理念和原则，内部营销和外部营销的方法；
如何才能吸引和留住大户彩民，彩票投注站营销 29 招。

NO.02

书名：《双色球大法——胆码篇》
书号：978-7-5017-9408-9
定价：25.00 元
出版时间：2010 年 1 月

本书对历史开奖数据进行了详尽分析，据此系统介绍了定位及不定位胆码的研判技术。讲解深入浅出，通俗易懂，技术精准有效，实战价值高。

NO.03

书名：《双色球大法——二码篇》
书号：978-7-5017-9460-7
定价：28.00 元
出版时间：2010 年 1 月

本书对历史开奖数据进行了详尽分析，据此系统介绍了二码研判技术，同时配以实战案例。讲解深入浅出，通俗易懂，技术精准有效，实战价值高。

NO.04

书名：《双色球 Excel 全攻略》
书号：ISBN 978-7-5017-9669-4
定价：38.00 元
出版时间：2010 年 3 月

通过 Excel 实现双色球和值、奇偶搭配、质合搭配、三区间分布、连号、重号，以及间距和、AC 值、散度、偏度、中心位置、几何图形等 12 个传统指标的自动计算，并公开全部实用模型的 Excel 公式源码。

NO.05

书名：《3D/ 排列三 Excel 全攻略》
书号：978-7-5136-0884-8
定价：38.00 元
出版时间：2012 年 2 月

本书以概率论为基点，以数据分析软件 Excel 为依托，首次推出和值、跨度、大小、奇偶等指标的无缝链接分析法，首创以三维方式进行各主要指标的交叉查询法，给出胆码、和值、跨度、组选、连号等指标设计出四维度速查表。随书赠送分析光盘，可实现对各重要指标的自动统计及分析。

NO.06

书名：《彩票基础知识——N 选 R 型彩票 Excel 攻略》

书号：ISBN 978-7-5136-0311-9

定价：35.00 元

出版时间：2011 年 1 月

本书详细讲解了运用 Excel 2007 工具分析号码走势的十几种数据模型的制作方法、统计方法、分析方法，并且做到源代码的开放。同时，对众多无参考价值又容易误导读者的指标进行了客观分析，并对合理投注做出了简单的论述。

NO.07

书名：《足彩 310 实战指南》

书号：ISBN 978-7-5136-0074-3

定价：35.00元

出版时间：2009年8月

任何赚钱之道都需要用心和动脑去经营，运气只是一个成分，足彩更需要的是技术含量。

NO.08

书名：《双色球和值大法》

书号：978-7-5017-7999-4

定价：26.00 元

出版时间：2007 年 6 月

本书提出双色球包和值玩法的概念、原理和战法，提供了有效的新的获奖途径，方法精确性高，具有实战价值。

NO.09

书名：《彩票营销学》

书号：ISBN 978-7-5173-8850-7

定价：36.00 元

出版时间：2009 年 1 月

本书作为我国第一本公开出版的彩票营销业务的入门教材，为读者提供了较完整的学习工具：穿插于每章的大量个案帮助读者加深对相关问题的理解 每章后配备的“本章小结”“关键概念”“练习与思考”和“案例分析”等有助于读者把握各章的知识点，并提高读者解决实际问题的能力。

NO.10

书名：《冷门思维与传统足彩》

书号：978-7-5136-0903-6

定价：26.00 元

出版时间：2011 年 11 月

以冷门为主线，过滤为手段，探寻最合理的足彩投注模式。以传统足彩为主要研究对象，针对各种玩法的特点，介绍多种不同的思维方法和投注策略。

NO.10

书名：《买彩票就这几招》

书号：978-7-5017-9120-0

定价：28.00 元

出版时间：2009 年 5 月

以冷门为主线，过滤为手段，探寻最合理的足彩投注模式。以传统足彩为主要研究对象，针对各种玩法的特点，介绍多种不同的思维方法和投注策略。

中经理财 图书目录

专业读物

NO.01

道氏理论——股票市场分析的基石（修订版）附光盘

全国优秀畅销书

书号：ISBN 978-7-5017-8095-2

出版时间：2007 年 1 月

定价：48.00 元

道氏理论是华尔街最悠久的股市预测理论，至今还没有一种理论能像道氏理论那样经得住考验。如果投资者仅根据道氏理论投资，将比大部分基金经理干得出色。

NO.02

道氏理论实战

书号：ISBN 978-7-5017-8295-6

出版时间：2008 年 2 月

定价：32.00 元

本书提出技术分析的真正作用是为买进、卖出操作提供高度的可操作性方案，并重点介绍了分解三重运动的方法、鉴别牛市（熊市）的方法、划分三个时期的方法和编制股票指数的方法。

NO.03

道氏理论（探源版）

书号：ISBN 978-7-5136-0268-6

出版时间：2011 年 1 月

定价：50.00 元

本书将继续探索鼻祖级理论的本源，探寻道氏的原意，助您理解技术分析的实质。并指出：投资股票成功的关键是智慧；学习道氏理论是建立正确投资理念的基础。

NO.04

虎视哲学——洞悉股市先机的智慧

书号：ISBN 978-7-5136-0269-3

出版时间：2011 年 1 月

定价：36.00 元

本书试图告诉读者，就股票投资的长期赢利而言，与做其他事情的成功没有什么区别，最终取胜的决定性因素是智慧。

NO.05

李君壮操盘股谱

本书作者6年12次获得全国操盘大赛冠军

书号：ISBN 978-7-5017-9164-4

出版时间：2010 年 4 月 7 日

定价：48.00 元

该书作者通晓各种投资风格，敬佩江恩、索罗斯的投资理念，信奉“短线为王”，并独创一套短线研判系统——君式系统线，运用其进行了大量的权证、大盘、股票图形分析，并结合图形进一步讲解“君式系统线”的运用方法，突出实战特点。

NO.06

绝对赢家：孙氏涨跌实用技法

书号：ISBN 978-7-5136-0036-1

出版时间：2011 年 1 月

定价：38.00 元

本书详细介绍了绝对转化 211 种方法中最精彩的 58 种。其中，买入法 46 种，卖出法 12 种。简单、易学，甚至简单到只须 MA2 一条线就可研判涨跌。

NO.07

中国股市大底大顶预测（赠送光盘 四色印刷）

书号：ISBN 978-7-5136-0347-8

出版时间：2011 年 2 月

定价：58.00 元

该书用道氏、艾略特、江恩等技术分析理论对世界股市、汇市、期货市场进行对比分析，并在世界上首次公开了解读大盘涨跌的秘密武器，为你揭开股市大底大顶的面纱，并首度在世界上揭秘了国际金融集团在各个资本市场进行跨市场套利的交易术。

NO.08

股市实战：精准操盘秘技大全

书号：ISBN 978-7-5136-0321-6

出版时间：2011 年 1 月

定价：48.00 元

本书详细介绍了适用于炒股软件的 42 种绝佳买卖指标在实战中的使用方法，内容包括一目了然的操盘方法、波段买卖方法、趋势分析方法、抄底与逃顶方法、捕捉牛股方法和智能决策系统。书中还提供了大量的实战案例。本书所有秘技指标同时提供大智慧新一代、通达信、同花顺三个版本，读者可以直接导入相应炒股软件中使用。

NO.09

索罗斯都要用的外汇交易术（一）

书号：ISBN 978-7-5136-0760-5
出版时间：2012 年 2 月
定价：45.00 元

本书介绍了外汇交易平台 Mata Trader MT4 系统的各项功能和操作方法，包括 MQL4 的系统架构及操作说明、关键函数及范例说明、实战解说及应用、函数查询表、四个基本指标讲解等，适合于普通外汇投资者阅读。本书公开了所有程序源码，并承诺不带有任何未来函数。

NO.10

索罗斯都要用的外汇交易术（二）

书号：ISBN 978-7-5136-0828-2
出版时间：2012 年 2 月
定价：28.00 元

本书为外汇交易平台应用的升级版。内容包括：如何巧妙设定止损止盈；如何设计自定义指标、脚本、可重复使用的库文件；高端动态函式库的灵活调用及反编译概述等。本书提供了相当详尽的原理说明及市场使用范例指导，集中了一、二册中的所有程序源代码，并提供免费下载。

NO.11

图解选股与买卖

书号：ISBN 978-7-5017-9287-0
出版时间：2010 年 3 月
定价：38.00 元

学炒股，看“图”是基本功！赚大钱，先要看懂“图”、看准“图”、看对“图”！

通过鲜活的“图解”，本书请你看“图”说话，教你从一张张 K 线图中，挖掘掌握股市操作的必备基本功：选股与买卖！

NO.12

全民货币战——外汇交易 Metatrader攻略

书号：ISBN 978-7-5136-0353-9
出版时间：2011 年 1 月
定价：38 .00 元

本书教你如何看懂货币战、参与货币战，不再成为他人的战利品。本书为第一本利用炒汇软件炒汇的图书。本书中文简体版本和中文繁体版本在大陆和台湾同时上市。

NO.13

股道自然——波浪理论在中国

书号：5017-9070-8/F·8049
出版时间：2009 年 5 月
定价：69.00 元

本书对我国正在运行的上证指数从开盘到现在给予了波浪划分；对未来 20 年的波浪运行给予了大致的分析和预测。是国内应用波浪理论图解上证指数第一书，开创了我国股票图书市场超前预测之先河。为广大投资者学习与应用波浪理论进行市场投资起到示范作用。

大众读物

NO.01

炒股就这几招（绝招篇）附光盘

全国优秀畅销书

书号：ISBN 978-7-5017-6399-3
出版时间：2009 年 4 月
定价：25.00 元

本书定位为股民入市必读的股市理论初级读物，内容涵盖基本概念、技术指标、股市理论、财务指标、识破庄家、经典技巧、李几招十大绝招等板块。

NO.02

快乐炒股学

书号：ISBN 978-7-5017-9764-6
出版时间：2010 年 6 月
定价：30.00 元

本书以新颖、实用的角度从八个方面论述了炒股的基本原则与方法，包含沁人心脾的股市哲学及具体有效的买卖方略，是新股民学习股票操作技巧，老股民重新构建正确理念，进一步提高自己操盘技术水平的良师益友。

NO.03

短线经典股谱解密

书号：ISBN 978-7-5017-9733-2
出版时间：2010 年 5 月
定价：32.00 元

以中、短线操作理论为基础，系统阐述了短线风险控制、短线系统选股、短线操作手法、短线成功心理等实战方法，包括短线常用工具的巧妙运用、短线操作原则、地价优先选股原则及实战操作手法等。本书特别强调：投资者进行短线操作之前必须先认识短线操作特性。

NO.04

长线经典股谱解密

书号：ISBN 978-7-5136-0346-1
出版时间：2011 年 2 月
定价：29.00 元

本书通过中长线基本认知、风险控制、系统选股、操作手法、实战流程、成功心理六大篇章全面系统深入的揭示了长线赢利的奥秘，对长线技术分析的精典图形进行详细地讲解。

NO.05

散户炒股秘籍

书号：ISBN 978-7-5017-9035-7

出版时间：2010 年 4 月

定价：38.00 元

本书主要通过证券投资的相关理论和笔者多年在股市征战的经验，找到一套适合散户操作的系统方法，指导散户正确的参与股市投资，做到理性投资、科学投资、快乐投资。

NO.06

转战黄金

书号：ISBN 978-7-5136-0510-6

出版时间：2011 年 6 月

定价：35.00 元

本书对黄金投资的技术进行了详尽的分析，并结合作者经验、当前市场情况等对黄金投资的风险管理技巧进行了归纳、总结，对投资者炒金有一定的帮助。

NO.07

跟谢宏章学炒股

书号：ISBN 978-7-5136-0643-1

出版时间：2010 年 7 月

定价：36.00 元

本书作者根据自己多年的股市实践经验，对自己比较成熟的且行之有效的股市投资方法进行了全面系统的介绍。

NO.08

趋势在前我随后

书号：ISBN 978-7-5136-0637-0

出版时间：2011 年 5 月

定价：28.00 元

作者用浅显易懂、生动形象的语言，对其股市实战经验进行了很好的总结，尤其是介绍了其总结的股市四大理论“火车理论”“太阳理论”“波段理论”和“市场理论”，并运用其开发的“大趋势”软件对这些理论进行了一一验证，为普通股民提供了很好的分析工具和方法。

NO.09

如何抄底与逃顶——股市最佳买卖点

书号：ISBN 978-7-5136-0740-7

出版时间：2011 年 7 月

定价：39.00 元

本书力求帮助投资者提高研判大势的能力和选择个股的水平，用简单的信号帮助投资者抄底与逃顶。书中讲述的方法和技巧是经过作者反复研究与实践的，通俗易学，只要你稍微懂一些股市中的基本常识和术语，就能读懂并加以运用。

NO.10

股市赢家讲投资——一个股市赢家对股票、基金、理财的全新思维

书号：ISBN 978-7-5136-0661-5

出版时间：2011 年 7 月

定价：32.00 元

本书从股市的根源入手，提炼出简单、适用的 K 线买卖新方法和选股新方法，最终实现了“十年盈利”的成功炒股经验。同时，向读者推荐了简单而独到的基金、保险、购房等家庭理财方式。

NO.11

股票资金流向分析

书号：ISBN 978-7-5136-0646-2

出版时间：2010 年 12 月

定价：38.00 元

内容简介：本书从资金流向角度揭露了主力操盘路径及秘密，通过技术分析与资金流向分析的完美结合来判定股票买卖，让股民深度掌握一种炒股种方法的同时，使投资也多几分胜算。

NO.12

从零开始学指标——10 大技术指标买点卖点止损位补回位图解

书号：ISBN 978-7-5136-1166-4

出版时间：2012 年 1 月

定价：29.80 元

内容简介：本书精细讲解了 10 大最经典的技术指标。概括出 78 个最精确买点、39 个止损位，76 个最精确卖点、38 个补回位。精选 91 份实战案例，归结出 255 条交易经验。希望投资者通过阅读可以真正实现从新手到高手的转变。

NO.13

股市实战点睛：操盘手教你炒股

书号：ISBN 978-7-5136-1020-9

出版时间：2012 年 2 月

定价：39.00 元

本书系统总结了一位操盘手经多年实践而悟出的股市变动规律，详细讲述了各规律的形成及如何应用，以期帮助广大股民更好地捕捉市场机会，使广大读者摆脱赌博式的股票投机，走上更为理性、安全的投资道路。

NO.14

假中寻真：股票技术分析正反例

书号：ISBN 978-7-5136-0345-4

出版时间：2012 年 2 月

定价：45.00 元

本书以数学理论为支撑，用通俗易懂的文字向一般读者介绍投资技巧，特别强调了对投资方法的解释，重要的是让投资者知道为什么会赢，为什么会输，向读者解释了真真假假的投资技巧。

"软件炒股教练"系列

本系列是指导读者使用股票行情软件轻松赢利的书籍。书中详细介绍了大智慧、通达信和同花顺这三款最大众化的股票行情软件的使用方法、指标公式编辑与使用方法，并遵循由浅入深的原则，使读者不但能够快速入门，而且还能达到精通的目的。

"软件炒股教练"系列之一

软件炒股高手速成

2010年1月出版

定价：45.00元

本书详细介绍了股票买卖的必备知识、炒股软件与股票交易、炒股软件中的图表分析方法、炒股软件中各种分析理论与实战等，并遵循由浅入深的原则，使读者能够轻轻松松地快速入门。

"软件炒股教练"系列之二

软件炒股高手进阶

2010年1月出版

定价：45.00元

本书详细介绍了大智慧、通达信和同花顺这三款最大众化的股票行情软件的使用方法和特色功能、指标公式编辑与使用方法，条件选股、五彩K线、交易系统公式编写等，并遵循由浅入深的原则，使读者能达到精通炒股的目的。

"软件炒股教练"系列之三

软件炒股高手绝技

2010年1月出版

定价：45.00元

本书详细介绍了技术分析要旨与实战公式注意事项、指标导入方法、股票买卖常用公式的编写实例，以及精选的大智慧、通达信和同花顺实战指标的使用方法与实战案例，最后给出了股票买卖的实战题解例子。通过本书的学习，读者必能达到轻松赢利的目的。

本书特别奉献了上班族利用炒股软件修练成短线高手的操作绝技。

"无形期货实战"系列

在期货交易中，大多数投资者没有正确的理念和稳定的赢利模式，混乱无序、漫无章法的操作思维模式，注定了投资结果的偶然性——赚得是稀里糊涂，亏得更是莫名其妙。本书系旨在指导投资者如何运用正确的理念和方法成为期货市场的赢家。

一年十倍的期货操盘策略（一）

书号：5017-9958-9/F·8361

2010年10月出版

定价：48.00元

本书是作者多年实战经验的总结，作者以稳健的操作理念、独特的多空市场的判断标准和操作策略、行之有效的交易技巧，与您共同实现"一年十倍"的收益目标。

一年十倍的期货操盘策略（二）

书号：5017-9959-6/F·8362

2010年10月出版

定价：48.00元

本书是作者多年实战经验的总结，作者以稳健的操作理念、独特的多空市场的判断标准和操作策略、行之有效的交易技巧，与您共同实现"一年十倍"的收益目标。